文旅企业"一带一路"财务实践

基于地缘因素视角

陆勇　王香珺 ◎ 著

人民日报出版社

北京

图书在版编目（CIP）数据

文旅企业"一带一路"财务实践：基于地缘因素视
角 / 陆勇，王香珺著 . -- 北京：人民日报出版社，
2025.6. -- ISBN 978-7-5115-8769-5

Ⅰ. F592.61

中国国家版本馆 CIP 数据核字第 20250AG412 号

书　　名：文旅企业"一带一路"财务实践：基于地缘因素视角
　　　　　WENLÜ QIYE "YIDAIYILU" CAIWU SHIJIAN: JIYU DIYUAN YINSU SHIJIAO
作　　者：陆　勇　王香珺

责任编辑：南芷葳　蒋菊平
版式设计：九章文化

出版发行：人日日报出版社
社　　址：北京金台西路 2 号
邮政编码：100733
发行热线：(010) 65369509　65369527　65369846　65369512
邮购热线：(010) 65369530　65363527
编辑热线：(010) 65369528
网　　址：www.peopledailypress.com
经　　销：新华书店
印　　刷：大厂回族自治县彩虹印刷有限公司
法律顾问：北京科宇律师事务所　(010) 83622312

开　　本：710mm × 1000mm　1/16
字　　数：203 千字
印　　张：14.25
版次印次：2025 年 7 月第 1 版　　2025 年 7 月第 1 次印刷

书　　号：ISBN 978-7-5115-8769-5
定　　价：46.00 元

如有印装质量问题，请与本社调换，电话：(010) 65369463

序

2013 年，国家主席习近平先后在哈萨克斯坦和印度尼西亚提出共同建设"丝绸之路经济带"和"21 世纪海上丝绸之路"重大倡议，至今共建"一带一路"已经历经十余年。在各方共同努力下，共建"一带一路"从中国倡议不断走向国际实践。以构建人类命运共同体为最高目标，推动美好愿景不断落实落地，"一带一路"已经成为深受世界大多数国家和人民欢迎的国际公共产品和国际合作平台。"一带一路"在政策沟通、设施联通、贸易畅通、资金融通、民心相通等方面均取得重大进展和重大实践成果，基本实现全方位多领域互联互通。

但是，共建"一带一路"始终面临多重挑战。与文旅企业参与共建"一带一路"密切相关的挑战主要源自以下五个因素：不同地域的国家在地理位置、社会制度、文化、宗教、民族和发展水平等方面存在差异；霸权主义通过给国际人文、科技交流合作设置重重障碍，严重破坏全球资源的优化配置和产业互补，严重阻碍科技创新；部分共建"一带一路"国家面临债务危机，使得一些项目难以推进；国际和区域安全形势严峻，不仅打乱了共建战略布局，而且严重影响了在建"一带一路"项目建设和正常运营；全球和区域产业链、供应链的动态调整给"一带一路"双边和多边合作带来重大影响和不确定性。

文旅企业如何顺利破局、如何有效应对这些挑战并继续参与或扩大参与"一带一路"共建，成为业界、学术界乃至相关政府部门应该且必须深入思考的问题。当然，由于大家出发点不同，思考问题的角度自然不同。受专业背景影响，我和本书的另一位作者王香珺博士自数年前就开始从文旅企业财务视角出发，深入研究这些问题。我们认为，文旅企业要想从容应对"一带一路"地缘因素带来的不利影响，应当主要从两个方面着手努力开展工作：一是文旅企业要紧紧抓住有利机遇，二是文旅企业要积极发挥财务管理专长。我们的这一设想得到了学校旅游研究基地的认可，并成为校级科研项目重点课题，得到充分肯定和支持，本书即面向这一支持提交的"答卷"。

财务管理是企业综合管理工作，也是企业管理的"牛鼻子"，做好这些工作也就找到了解决问题的关键。对文旅企业而言，财务管理是参与"一带一路"共建的核心支撑，贯穿其战略规划、风险控制、资源整合及社会责任履行全流程，直接影响项目的经济可行性与社会价值实现。客观、中肯地说，每个文旅企业财务管理工作的质量在很大程度上决定了其参与"一带一路"共建的成败，对"一带一路"高质量发展有间接甚至直接影响。因此，从财务视角研究文旅企业应对"一带一路"地缘因素影响的对策是十分必要的，也是完全可行的。

本书的主要研究内容和逻辑结构见图 0-1：

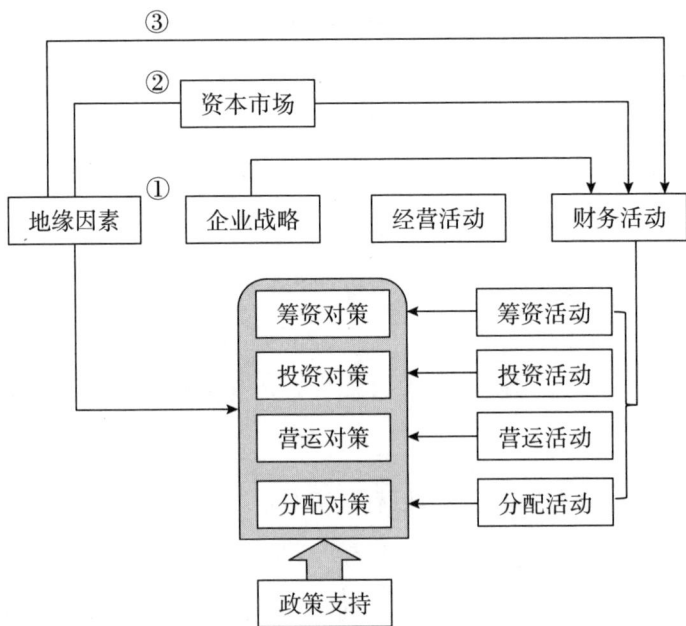

图 0-1　本书逻辑结构

厘清地缘因素概念和全面剖析文旅企业财务特征是本书研究内容展开的先导。根据我们在力所能及范围内的搜索结果，没有发现地缘因素明确、权威的定义。本书尝试采用概括法进行定义，所谓地缘因素是对地理位置、地形地貌、气候条件、自然资源、交通条件、地域文化（含文化遗产）和地缘政治风险等因素的统称。因为文旅企业大多采用跨行业经营模式，业务范围往往涉及多个业态，所以其筹资活动、投资活动、营运活动和利润分配活动往往呈现出与其他行业企业不同的特点，我们在第三章对这四个方面分别进行了详细阐述。

地缘因素是如何影响文旅企业财务活动的呢？通过深入研究我们发现，地缘因素是遵循"直接作用，或通过中介间接传导发生作用"的内在逻辑对文旅企业各项财务活动产生影响的，具体作用路径分成三条：一是"地缘因素—企业战略—经营活动—财务活动"；二是"地缘因素—资本市场—财务活动"；三是"地缘因素—财务活动"。在充分完成上述准备工作以后，我们在第四章论述了地缘因素分别对文旅企业筹资活动、投资活动、营运活动和分配活动产生的影响及其后果，进而在第五章分别从筹资活动、投资活动、营运活动和分配活动角度提出了文旅企业应对地缘因素影响的具体对策。

本书有三个鲜明的特点：一是对目前尚未形成共识的关键概念"地缘因素"尝试采用概括法进行定义，奠定本书的写作基础和研究范围；二是深入提炼了地缘因素影响文旅企业财务活动的内在逻辑和具体作用路径；三是基于文旅企业财务活动特征，就每项财务活动按照"如何影响—影响后果—对策建议"的路径逐一进行分析论证。另外，本书兼顾北京第二外国语学院科研立项对学术性的要求和出版发行方对应用性的要求，所以严格地说，本书属于应用研究型著作。希望对各类读者而言，本书都有一定的可读性。

最后，感谢北京第二外国语学院旅游研究基地的大力支持，感谢人民日报出版社的大力支持！特别感谢计金标教授在本书科研立项、后续创作协调方面提供的宝贵支持！特别感谢蒋菊平、南芷葳两位编辑的辛勤劳动，使本书能顺利和高质量地出版！

北京第二外国语学院　陆　勇

山东财经大学　王香珺

2025 年 6 月 20 日

C 目录
ONTENTS

第一章 "一带一路"倡议与地缘因素

第一节 "一带一路"倡议 …………………………………………003

一、共建"一带一路"的必要性解析 ……………………………003

二、"一带一路"重要政策引领 ……………………………………004

三、"一带一路"十年重大实践 ……………………………………006

四、共建"一带一路"面临的机遇与挑战 ………………………012

第二节 "一带一路"地缘因素概念 ……………………………015

一、地理位置 ………………………………………………………015

二、地域文化 ………………………………………………………016

三、交通条件 ………………………………………………………017

四、地缘政治风险 …………………………………………………017

第三节 "一带一路"地缘因素分类 ……………………………020

一、按照地缘因子属性划分 ………………………………………020

二、按照地缘因素次级划分 ………………………………………020

三、按照地缘因素特征是否明确划分 ……………………………021

四、按照是否具有实物形态划分 …………………………………022

第四节 "一带一路"地缘因素成因 ……………………………………023

一、缘起 ……………………………………………………………023

二、影响范围 ………………………………………………………024

第二章 文旅企业参与共建"一带一路"及其财务活动受地缘因素影响的逻辑

第一节 文旅企业概念内涵 ……………………………………………029

一、文化企业 ………………………………………………………029

二、旅游企业 ………………………………………………………030

三、文旅企业 ………………………………………………………031

四、文旅企业的一般特征 …………………………………………032

第二节 文旅企业参与共建"一带一路"的必要性 …………………033

一、文旅企业参与共建"一带一路"是执行国家政策的必然要求……033

二、文旅企业参与共建"一带一路"可以充分发挥文旅产业的功能……033

三、文旅企业参与共建"一带一路"能够释放强大的溢出效应……034

第三节 文旅企业参与共建"一带一路"的可行性 …………………035

一、借地区优势发力参与共建"一带一路" ……………………035

二、响应国家政策积极参与共建"一带一路" …………………036

三、民营文旅企业搭中央文旅企业"顺风车"参与共建"一带一路"……037

第四节 地缘因素影响"一带一路"文旅企业财务活动的逻辑………039

一、地缘因素—企业战略—经营活动—财务活动 ………………040

二、地缘因素—资本市场—财务活动 ……………………………048

三、地缘因素—财务活动 …………………………………………050

第三章 文旅企业参与共建"一带一路"方式及其财务活动特征

第一节 文旅企业参与"一带一路"方式概述 ……………………… 053

第二节 文旅企业筹资活动特征分析 ……………………………… 055
　　一、文旅类上市公司筹资活动特征 ……………………………… 058
　　二、中小型文旅企业筹资活动特征 ……………………………… 062
　　三、文旅企业解决筹资问题的一般对策 ………………………… 062

第三节 文旅企业投资活动特征分析 ……………………………… 065
　　一、主板上市的文旅企业投资活动特征分析 …………………… 067
　　二、中小型文旅企业投资活动特征分析 ………………………… 070

第四节 文旅企业营运活动特征分析 ……………………………… 073
　　一、上市文旅企业营运活动特征 ………………………………… 074
　　二、中小型文旅企业营运活动特征 ……………………………… 080

第五节 文旅企业分配活动特征分析 ……………………………… 082
　　一、上市文旅企业分配活动特征 ………………………………… 083
　　二、中小型文旅企业分配活动特征 ……………………………… 085

第四章 "一带一路"地缘因素对文旅企业财务活动的影响及其后果

第一节 地缘因素对文旅企业筹资的影响及其后果 ……………… 089
　　一、地缘因素对文旅企业筹资的影响机制和路径分析 ………… 089

二、地缘因素对文旅企业筹资的影响后果分析 ·································· 098

第二节 地缘因素对文旅企业投资的影响及其后果 ·················· 108

一、地缘因素对文旅企业投资的影响机制和路径分析 ············· 108

二、地缘因素对文旅企业投资的影响后果分析 ····················· 133

第三节 地缘因素对文旅企业营运的影响及其后果 ·················· 138

一、地缘因素对文旅企业营运的影响机制和路径分析 ············· 138

二、地缘因素对文旅企业营运的影响后果分析 ····················· 152

第四节 地缘因素对文旅企业分配的影响及其后果 ·················· 160

一、地缘因素对文旅企业分配的影响机制和路径分析 ············· 160

二、地缘因素对文旅企业分配的影响后果分析 ····················· 177

第五章 文旅企业应对 "一带一路" 地缘因素影响的财务对策

第一节 文旅企业应对 "一带一路" 地缘因素影响的筹资对策·········· 187

一、全面及时准确地识别企业筹资风险 ······························ 187

二、正确评估企业筹资风险 ··· 190

三、灵活应对企业筹资风险 ··· 191

四、提高企业筹资风险防范能力 ······································ 193

第二节 文旅企业应对 "一带一路" 地缘因素影响的投资对策·········· 195

一、充分利用国家和地方产业政策，降低投融资成本 ················ 196

二、建立投资调研评估机制 ··· 196

三、建立健全内部控制体系 ··· 197

四、建立健全投资风险预警体系 ······································ 197

五、研究文旅业现状，采取多元化投资模式 ························· 198

第三节　文旅企业应对"一带一路"地缘因素影响的营运对策⋯⋯⋯199

　　一、控制企业内部各项财务活动中的财务风险源 ⋯⋯⋯⋯⋯⋯⋯200

　　二、加强财务风险动态监测，提高风险控制的预见性和有效性 ⋯⋯⋯203

　　三、提高财务风险管理战略柔性 ⋯⋯⋯⋯⋯⋯⋯⋯⋯⋯⋯⋯⋯⋯204

　　四、提高文旅产品市场竞争力 ⋯⋯⋯⋯⋯⋯⋯⋯⋯⋯⋯⋯⋯⋯⋯205

　　五、对参与共建的民营文旅企业加强法律和政策保护 ⋯⋯⋯⋯⋯⋯206

第四节　文旅企业应对"一带一路"地缘因素影响的分配对策⋯⋯⋯208

　　一、公司层面 ⋯⋯⋯⋯⋯⋯⋯⋯⋯⋯⋯⋯⋯⋯⋯⋯⋯⋯⋯⋯⋯208

　　二、政府监管层面 ⋯⋯⋯⋯⋯⋯⋯⋯⋯⋯⋯⋯⋯⋯⋯⋯⋯⋯⋯212

第一章

"一带一路"倡议
与地缘因素

根据现代财务学基本原理，文旅企业的价值实现取决于其获得超出资本成本的资本回报的能力（盈利潜力），进而取决于外部市场和企业战略、策略选择。文旅企业要依托"一带一路"开展经营活动实现财务目标就必须把外部市场环境分析作为工作重心之一，以获得企业战略抉择和经营策略选择所必需的资料、信息。文旅企业开展经营活动无法回避地缘因素的影响，这种影响是普遍且巨大的，甚至对相关企业经营活动造成致命冲击。因此，从风险规避角度出发全面掌握政策和深入探讨"一带一路"地缘因素及其对文旅企业的影响尤为必要。本章重点探讨"一带一路"政策以及"一带一路"地缘因素概念、分类和成因，为后文分析地缘因素影响文旅企业发展的机制作铺垫。

第一节 "一带一路"倡议

经过十多年来的高质量共建，"一带一路"已成为深受全球欢迎的国际公共产品，也是目前深受全球欢迎的国际合作平台。

2013年9月7日，国家主席习近平在哈萨克斯坦纳扎尔巴耶夫大学作题为《弘扬人民友谊 共创美好未来》的演讲，提出共同建设"丝绸之路经济带"。同年10月3日，习近平主席在印度尼西亚国会发表题为《携手建设中国—东盟命运共同体》的演讲，提出共同建设"21世纪海上丝绸之路"。"丝绸之路经济带"和"21世纪海上丝绸之路"两大倡议简称共建"一带一路"倡议（后文统称"一带一路"）。

与美国的亚太再平衡战略不同，中国倡议的"一带一路"聚焦于世界经济的共同发展。"一带一路"既不是中国版的马歇尔计划，也不是中国的某种政治图谋，它的核心理念是和平合作、开放包容、互学互鉴、互利共赢的丝路精神。中国欢迎世界合作伙伴加入"一带一路"建设中来。我们的建设目标是把"一带一路"建设成为和平之路、繁荣之路、开放之路、绿色之路、创新之路和文明之路。"一带一路"合作各方应当秉持共商、共建和共享的原则。各国的合作内容包括政策沟通、设施联通、贸易畅通、资金融通和民心相通五个方面。由于"一带一路"共建的项目主要是商业项目，共建活动是企业意愿自主下的市场行为，所以其资金来源非常广泛。

一、共建"一带一路"的必要性解析

在全球经济疲软的背景下，"一带一路"成为满足世界各国迫切需要的国际合作平台。就中国而言，第一，中国迎来了刘易斯拐点 ①。我国自改革开放以来长期存在的劳动力成本优势丧失，中国的发展需要在更广范围配置人力资源，获得劳动力补给。第二，中国面临严重的产能过剩问题。2012 年以后，产能过剩问题相继在电解铝、钢铁、风力发电和光伏等基础行业集中爆发。我国需要通过"一带一路"将过剩产能转移出去，在坚持互惠互利的原则下将其转移到对此仍有需求的国家，以促进国际经济和国际贸易的良性协同发展。第三，贸易保护主义抬头导致国际贸易增长缓慢。"一带一路"不仅有助于抵制贸易保护主义，而且能为全球和地区经济、贸易发展注入新的生机和活力。第四，中国与周边国家和地区实现全面深度的自由贸易具有必要性。第五，技术创新需求紧迫。"一带一路"目标之一就是将其建设成为创新之路。中国乃至世界都需要创新，中国的发展模式也亟须从低成本竞争转向以创新为基础的合作共赢模式，我们要继续坚持创新驱动发展的方针。中国正处于大发展、大变革的浪潮中，是培养创新人才的沃土。"国之交在于民相亲，民相亲在于心相通"（《韩非子》），各国人民需要加强在各个领域的交往和沟通，促进人文交流，从而引领创新。只有聚焦并致力于创新，才能为共建"一带一路"国家的发展提供持久竞争力。

二、"一带一路"重要政策引领

虽然"一带一路"由中国首倡，但是它所秉持的和平合作、开放包容、互学互鉴、互利共赢的理念很快为世界各国认同和接受，并陆续参与到建设中来。总结过去十多年共建的风雨历程，我们取得了巨大的成就。中国为此付出了极大的努力，国际各参与方也以不同方式作出了积极贡献。在配套政

---

① 刘易斯拐点，即劳动力过剩向短缺的转折点，是指在工业化过程中，随着农村富余劳动力向非农产业的逐步转移，农村富余劳动力逐渐减少，最终枯竭。由诺贝尔经济学奖得主刘易斯在人口流动模型中提出。

策方面，中国自身制定了一系列重要配套政策，中国与五大洲的150多个国家、30多个国际组织签署了200多份共建"一带一路"合作文件，形成了国内、国际对接与全方位、立体式政策沟通的长效机制。这些政策措施引领着、支撑着中国与共建国家的全方位合作与共同发展，为高质量共建"一带一路"和构建人类命运共同体注入新动能。

按照来源，可以将"一带一路"重要政策分为国内政策引领和国际合作文件，前者包括中国国内制定的"一带一路"系列重要文件；后者涵盖了中国参与的重要国际合作文件。按照政策、文件的作用与功能划分，大致可以分为三类：一是首倡型的，具有开创、引领的重要作用，如2013年9月7日习近平主席为倡议共同建设"丝绸之路经济带"而发表的重要演讲《弘扬人民友谊 共创美好未来》，以及2013年10月3日习近平主席为倡议筹建亚洲基础设施投资银行，共同建设"21世纪海上丝绸之路"而发表的重要演讲《携手建设中国—东盟命运共同体》；二是政策落实型的，具有组织实施的重要作用，如2014年12月29日中国人民银行宣布丝路基金正式启动运作，为"一带一路"框架内的经贸合作和双边多边互联互通提供投融资支持，以及2016年6月20日中波元首在华沙共同出席统一品牌中欧班列首达欧洲（波兰）仪式；三是规范保障型的，具有保驾护航的重要功能，如2022年3月28日国家发展改革委等四部门联合发布《关于推进共建"一带一路"绿色发展的意见》，它是践行绿色发展理念、推进生态文明建设的内在要求，是积极应对气候变化、维护全球生态安全的重大举措，也是推动共建"一带一路"高质量发展的重要保证。

特别地，与文旅产业和文旅企业密切相关的重要政策、文件有如下四项：第一，为推动建立一系列双边和多边文化旅游合作机制，2013年，我国与共建"一带一路"国家签署双边文化、旅游合作文件76份；第二，为做好组织保障工作和实施相关文旅政策，2016年3月文化和旅游部成立"一带一路"建设工作领导小组，并于同年12月印发《文化部"一带一路"文化发展行动计划（2016—2020年）》；第三，2018年文化和旅游部印发《文化部"一带一路"文化发展行动计划（2016—2020年）2018年重点任务安排》；第四，

2024 年 8 月，由推进"一带一路"建设工作领导小组办公室、国家发展改革委会同有关部门单位研究编制的《中国—非洲国家共建"一带一路"发展报告》2024 版蓝皮书正式发布。

上述"一带一路"重要国内政策文件、国际合作文件和文旅行业专项政策文件不仅是"一带一路"建设的重要组成部分，而且是"一带一路"文旅企业开展经营活动和解决国内外业务纠纷或争议的重要制度保障和政策保障。

三、"一带一路"十年重大实践

2023 年是习近平主席提出共建"一带一路"倡议十周年，在各方共同努力下，共建"一带一路"从中国倡议不断走向国际实践。以构建人类命运共同体为最高目标，推动美好愿景不断落实落地，"一带一路"已经成为深受世界大多数国家和人民欢迎的国际公共产品和国际合作平台。

截至 2023 年 6 月，中国已与 152 个国家、32 个国际组织签署 200 多份共建"一带一路"合作文件。共建"一带一路"在政策沟通、设施联通、贸易畅通、资金融通、民心相通等方面均取得重大进展和重大实践成果，基本实现全方位多领域互联互通。

（一）政策沟通

共建"一带一路"需要各个国家和地区的政府、企业和其他社会组织的共同参与，离不开各种沟通和协调。其中，政策沟通是关键，是重要保障。共建"一带一路"以来，中国与共建国家、国际组织持续积极构建多层次政策沟通交流机制，共同制定推进区域合作的规划和措施，在发展战略规划、技术经济政策、管理规则和标准等方面发挥政策协同效应，为深化务实合作注入"润滑剂"和"催化剂"。经过十几年的艰苦努力，包括全球层面、世贸组织、区域和多边、双边层面在内的世界范围的政策沟通体系已经形成；

政策沟通长效机制基本形成，以元首外交为引领，建立起多层次、多平台、多主体的常规性沟通渠道；多边合作不断推进，中外合作伙伴发起成立了20余个专业领域多边对话合作机制，参与成员数量持续增加；规则标准对接扎实推进，标准化合作水平不断提升，截至2023年6月底，中国已与65个国家标准化机构以及国际和区域组织签署了107份标准化合作文件，促进了多领域标准国际合作。

（二）设施联通

共建"一带一路"致力于亚欧非大陆及附近海洋的互联互通，建立和加强各国互联互通伙伴关系，构建全方位、多层次、复合型的互联互通网络，实现共建国家多元、自主、平衡、可持续的发展。设施联通是其中重要一环，也是共建"一带一路"的优先领域。目前，"六廊六路多国多港"的基本架构业已形成，"陆海天网"四位一体的互联互通格局基本形成。表1-1较为详细列示了"陆海天网"布局和主要联通设施。

表1-1 "陆海天网"设施联通

陆海天网		设施联通
六廊六路	中巴经济走廊	白沙瓦-卡拉奇高速公路、喀喇昆仑公路、拉合尔轨道交通橙线
	新亚欧大陆桥经济走廊	匈塞铁路、双西公路、黑山南北高速公路
	中国—中南半岛经济走廊	中老铁路、雅万高铁、中泰铁路一期
	中蒙俄经济走廊	中俄黑河公路桥、同江铁路桥、中俄东线天然气管道
	中国—中亚—西亚经济走廊	中吉乌公路、中国—中亚天然气管道、哈萨克斯坦北哈州粮油专线
	孟中印缅经济走廊	中缅原油和天然气管道、中缅铁路木姐-曼德勒铁路、曼德勒-皎漂铁路
多国多港	希腊	希腊比雷埃夫斯港
	巴基斯坦	瓜达尔港

续表

陆海天网	设施联通	
多国多港	缅甸	皎漂深水港
	斯里兰卡	汉班托塔港
	意大利	瓦多集装箱码头
	尼日利亚	莱基深水港
空中丝绸之路	共建国家间航空航线网络加快拓展，空中联通水平稳步提升。截至2023年10月，中国已与104个共建国家签署双边航空运输协定，与57个共建国家实现空中直航，跨境运输便利化水平不断提高	
网络连接	通过信息通信技术的发展，加强网络通信基础设施建设，促进信息交流和合作	

　　十多年来，设施联通结出硕果，中欧班列运力尤为亮眼。截至2023年6月底，中欧班列已经通达欧洲25个国家的200多个城市，物流配送网络覆盖欧亚大陆。根据统计数据，中欧班列累计开行7.4万列，运输近700万标箱，货物涉及53大门类，品类达5万多种，货值累计3000多亿美元。图1-1直观地展示了2011—2022年期间中欧班列开行量及货运量逐年双增长的态势。

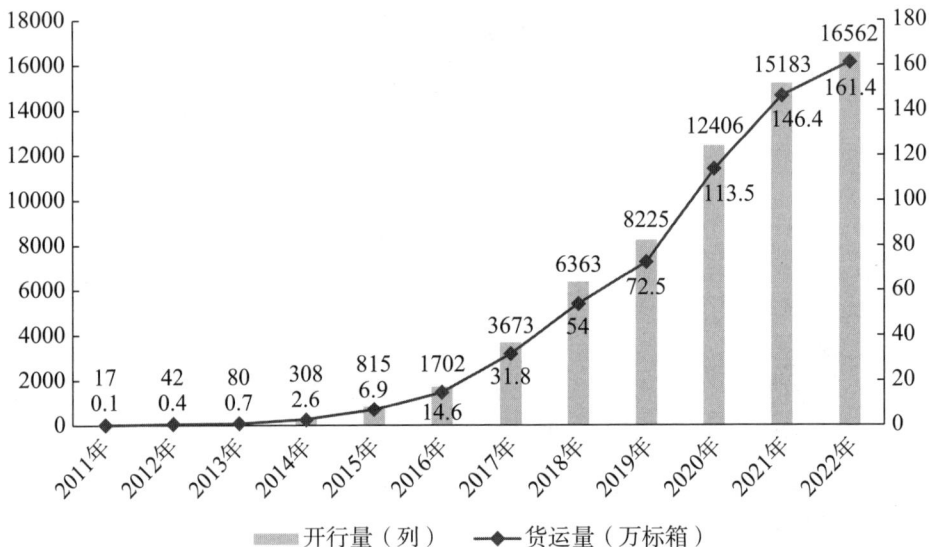

图 1-1　2011—2022 年中欧班列开行量及货运量

资料来源：《共建"一带一路"：构建人类命运共同体的重大实践》。

（三）贸易畅通

贸易投资合作是"一带一路"倡议的重要内容，也是实现"一带一路"核心目标的重要途径。共建国家为促进和优化贸易投资合作作出了不懈的努力：第一，着力解决贸易投资自由化便利化问题，大幅消除贸易投资壁垒；第二，改善区域内和各国营商环境，建设自由贸易区，拓宽贸易领域，优化贸易结构，拓展相互投资和产业合作领域；第三，推动建立更加均衡、平等和可持续的贸易体系，发展互利共赢的经贸关系。

1. 十多年来，贸易投资规模稳步扩大

2013—2022年，中国与共建国家进出口总额累计19.1万亿美元，年均增长6.4%。2022年中国与共建国家进出口总额近2.9万亿美元，占同期中国外贸总值的45.4%。详细情况参见图1–2。特别值得指出的是，中国民营企业发挥了主力军作用，与共建国家进出口总额超过1.5万亿美元，占同期中国与共建国家进出口总额的53.7%。

中国与共建国家双向投资累计超过3800亿美元，其中中国对外直接投资超过2400亿美元。中国在共建国家承包工程新签合同额、完成营业额累计分别达到2万亿美元、1.3万亿美元。

2. 贸易投资自由化便利化水平不断提升

共建国家共同维护多边主义和自由贸易原则，努力营造良好制度环境。截至2023年8月底，中国发起的《推进"一带一路"贸易畅通合作倡议》成功吸引80多个国家和国际组织参与，中国与28个国家和地区签署21个自贸协定。《区域全面经济伙伴关系协定》（RCEP）是当今世界覆盖人口最多和经贸规模最大的自由贸易协定，已于2022年1月1日正式生效，它与"一带一路"相互补充，相得益彰，共同构成亚洲地区经贸合作发展新格局。贸易投资自由化给共建国家贸易投资带来了极大的便利。

3. 贸易投资平台作用更加凸显

"一带一路"高峰论坛、中国国际进口博览会、中国进出口商品交易会、

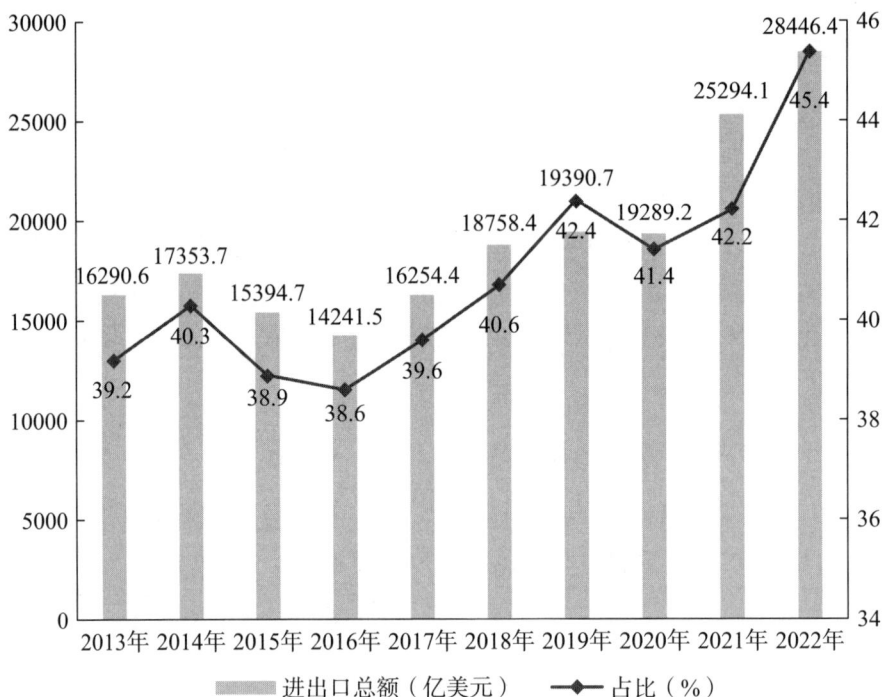

图1-2　中国与共建国家进出口总额及其占中国外贸总值的比重

资料来源：《共建"一带一路"：构建人类命运共同体的重大实践》。

中国国际服务贸易交易会、中国国际投资贸易洽谈会、中国国际消费品博览会、全球数字贸易博览会、中国—东盟博览会、中国—中东欧国家博览会、中俄博览会、中国—阿拉伯国家博览会、中国—亚欧博览会、中非经贸博览会等贸易投资平台有力促进了共建国家之间的经贸投资合作。

4. 产业合作深入推进

为了有力地促进各国产业结构升级、优化产业链布局，共建国家全方位拓展协同发展、互利共赢的产业合作模式。（1）共建国家推进产能合作，促进各方优势互补、互惠共赢。例如，成立中国—东盟矿业合作论坛，目前该论坛已经成为共建国家开展矿业产能合作的重要平台。又如，中国企业与共建国家政府、企业合作共建海外产业园。截至2023年6月，已经建成的产业园超过70个。（2）拓展经贸合作，助力共建国家民生和经济发展。例如，上海合作组织农业技术交流培训示范基地不仅促进了"一带一路"农业科技发展，而且促进了国家间农业领域经贸合作。又如，中国—东盟和平利用核技术论坛为共建国家开展核技术产业合作、助力民生和经济发展建立了桥梁和纽带。

（四）资金融通

资金融通是共建"一带一路"的重要支撑。中国与其他共建国家及有关机构一起积极开展多种形式的金融合作，按照有利于东道国经济发展和民生改善的原则为"一带一路"项目提供金融服务和支持。共建国家在金融合作方面特别重视建立健全金融合作机制，拓展投融资渠道平台，持续创新投融资方式，以及不断增强债务可持续性。这些重要措施有力地保障了资金融通，为共建"一带一路"作出了巨大贡献。以丝路基金为例，2014 年由中国出资设立，其宗旨是专门服务于"一带一路"建设。截至 2023 年 6 月底，丝路基金累计签约 75 个投资项目，承诺投资金额约 220.4 亿美元。图 1-3 详细列示了 2015 年至 2023 年 6 月丝路基金历年累计签约项目数和承诺投资金额。

图 1-3　2015 年至 2023 年 6 月丝路基金历年累计签约项目数和承诺投资金额

资料来源：《共建"一带一路"：构建人类命运共同体的重大实践》。

（五）民心相通

民心相通是共建"一带一路"的社会根基，也是持续高质量共建的根本保障。十余年来，共建国家一起努力，共同传承和弘扬丝绸之路友好合作精神，在文旅交流、教育交流、民间交往、媒体和智库互动等方面广泛开展合作，形成了多元互动、百花齐放的人文交流格局，厚植并夯实了共建"一带一路"的民意基础，形成了共建国家民心相通的良好社会氛围。

以文旅合作为例，截至 2023 年 6 月底，中国已与 144 个共建国家签署文化和旅游领域合作文件。中国在共建国家设立 32 家海外中国文化中心和 8 家旅游办事处。中国与共建国家共同创建合作平台，成立了丝绸之路国际剧院联盟、博物馆联盟、艺术节联盟和美术馆联盟等。中国不断深化对外文化交流：启动实施"文化丝路"计划；与相关国家共同举办旅游年、文化年活动；与共建国家互办文物展、图书展、电影节、艺术节、音乐节等活动；实施"一带一路"主题舞台艺术作品创作推广项目，扎实推进亚洲文化遗产保护行动。

四、共建"一带一路"面临的机遇与挑战

十余年来，共建"一带一路"取得了举世瞩目的成就，不仅使参与共建的国家受益良多，而且对全球治理和世界经济发展作出了重大贡献。放眼未来，共建仍然是机遇与挑战并存。

（一）当前共建"一带一路"面临的六大重要机遇

第一，十余年共建取得的巨大成就将会产生极大的示范效应，业已参与共建的国家未来参与程度将会加深，观望的国家将会坚定参与的信心。这一点可从共建国家数量的不断增长得到佐证。第二，在经济全球化和国际化大背景下，各个国家都有合作的强烈愿望，继续共建"一带一路"更加引人注

目，美好共建前景不仅值得参与共建的国家期待，而且会激发尚未参与共建国家的期待。第三，广大发展中国家整体崛起的势头没有改变，中国作为最大发展中国家的地位和责任也没有改变。中国将愿意继续加大对全球发展合作的资源投入，加大共建投入，尽己所能支持和帮助发展中国家加快发展，促成各国人民达成美好生活愿望。第四，产业创新为共建"一带一路"带来了新机遇。一方面，中国的优质过剩产业有机会转移到其他国家和地区，前者将解决过剩产能出清问题，后者可能因较低的要素成本而重现生机，从而形成双赢局面。另一方面，产业创新可能带动产业转型升级，为所有共建参与方和投资者带来新的机遇。第五，金融创新为共建"一带一路"提供强劲支撑。在现代金融理论指导下，在各方政策支持下，通过金融创新，在证券发行、基金设立和金融机制盘活等方面大做文章，据以满足共建所需的巨额资金需求。第六，区域合作为共建"一带一路"拓展了广阔的合作空间。尽管目前"一带一路"已经形成全球性重大影响，但是在本质上还是一个国际范围的区域经济合作范畴。共建势必对区域产业发展战略、区域经济发展模式、区域经济技术开发和区域经济合作方式等产生重要影响，对各参与方的共建活动提出新的要求和为之带来新的合作机会。

（二）当前共建"一带一路"可能面临的八大挑战

第一，不同地域的国家在地理位置、社会制度、文化、宗教和民族等方面迥异，发展水平也参差不齐。这些复杂多变的不利因素给国家间政策沟通等方面带来严重挑战。第二，世界仍处于激烈的动荡与变革期，地缘政治风险处于高位，大国之间的博弈加剧，单边主义、霸权主义和民粹主义挥之不去，贸易保护主义盛行。第三，全球经济复苏乏力，冷战思维、零和思维沉渣泛起，新一轮科技革命和产业变革带来的竞争空前激烈。第四，个别国家打着"去风险"的幌子大搞"脱钩断链"，公然叫嚣本国优先，悍然公开践踏市场规则和破坏国际经济贸易秩序，破坏国际产业链和供应链。第五，国际人文、科技交流合作障碍重重，不利于全球资源的优化配置和产业互补，严重阻碍了科技创新，对全球经济稳定与繁荣造成不可估量的重大损失。第六，债务危机的危害不容小觑。部分共建国家面临债务危机，沉重的债务负担使得一些项目难以推进。第七，安全形势严峻。中东和乌克兰等热点问题导致地区安全局势紧张，不仅打乱了共建战略布局，而且严重影响了在建"一带一路"项目建设和正常运营。第八，全球和区域产业链、供应链的动态调整也给"一带一路"双边和多边合作带来重大影响和不确定性。

第二节 "一带一路"地缘因素概念

地缘是由地理位置上的联系而形成的关系。有时候，人们也把地理环境各要素与人类社会的关系总和称作地缘。在实践运用和学术活动中，人们对其内涵的陈述包含地理位置、地形地貌、气候条件、自然资源、交通条件、地域文化（含文化遗产）和地缘政治风险等因素，本书将其统称为地缘因素。地缘因素能单独或组合在一起对人类活动产生重要影响。所以，人们在从事与地缘因素相关活动的过程中，必须花大气力对其进行了解和深入研究，以便能够更好地制定战略、策略，最终顺利地实现预期目标。为了加深对地缘因素概念的理解，下文对地理位置、地域文化、交通条件和地缘政治风险等地缘因素的重要子概念（相对于地缘因素概念）进行详细的阐释。

一、地理位置

地理位置是指某个地点在地球表面的确切位置。由于地表地势有起伏，不同地点有高差，所以一般用经度、纬度和高程三个维度来刻画地理位置。另外，地理位置还涉及该地点与周围其他地理事物的相对位置关系，比如海洋陆地位置、交通位置和区域位置，等等。地理位置单独或者连同自然资源和气候条件等因素一起对文旅活动或文旅企业产生重要影响。

地理位置决定了气候条件和自然资源，如热带、亚热带、温带等气候类型，以及高山、河流、湖泊等自然资源景观。这些因素直接影响某地对游客的吸引力和旅游开发运营的可行性。比如南岳衡山，它介于北纬 27 度 4 分至 27 度 20 分，东经 112 度 34 分至 112 度 44 分之间，主体部分位于湖南省衡阳市南岳区、衡山县和衡阳县东部。衡山属于峰林状花岗岩地貌。在南岳区范围内，海拔超过 1000 米的山峰 20 座，海拔 500~1000 米高的山峰 17 座。南岳衡山处于亚热带季风气候带，四季分明，动植物资源十分丰富。不同季节衡山展现出多姿多彩的自然景观，吸引了大量游客前来观光和避暑。2007 年 5 月，衡山所在的衡阳市南岳衡山旅游区被评为首批国家 5A 级旅游景区并持续地产生良好的经济效益。公开数据显示，南岳目前已实现年接待游客超 1400 万人次，旅游总收入已超 110 亿元。

二、地域文化

地域文化是指文化的地域性。一个地区文化的起源、发展和流传都会受到当地历史、传统、风俗和生活方式等因素的影响，并被其打上深刻的印记。一个地区地域文化的特征指的就是该文化所包含的当地历史、传统、风俗和生活方式的特殊性。文化遗产是指那些具有历史、艺术和科学价值的文物、建筑、传统活动和习俗，等等。地域文化与文化遗产两个概念高度相关，前者影响后者的形成和发展，后者无不展现地域文化的"基因和特质"。世界上各个地区的特色自然环境（如气候、地形和地貌）和人文环境（如民族、历史、风俗和宗教）都会塑造独具特色的文化遗产。鉴于文化遗产在本书中特殊、重要的地位，下面作进一步深入探讨。

文化遗产是一个集合概念，包括人类历史、艺术和科学等诸多内容，是人类社会（国家、族群）连接过去与未来的重要纽带。文化遗产一般被分为物质文化遗产和非物质文化遗产。其中，物质文化遗产是有形文化遗产，是指具有历史、艺术和科学价值的文物，比如古遗址、古建筑，以及历史上各时代的重要实物、图书资料、文献、手稿、艺术品，等等；非物质文化遗产是指各种以非物质形态存在的、与群众生活密切相关且世代相承的传统文化表现形式，比如传统表演艺术、传统手工艺技能。遍布世界各地的优秀文化遗产不仅见证了当地的历史，也是现代社会文化多样性和创新能力的重要基础，它们在当代教育、文化认同等方面日益发挥重要的作用。文化遗产的保护能有力地促进文化旅游和相关产业的发展，这已经取得了人们的广泛共识。

三、交通条件

交通条件是指某地区与外界进行人员和物资往来的方便状况和难易程度。它可以用交通线路的覆盖范围和质量，交通工具的效率、容量和安全性，港口车站的完善程度和运营效率等指标加以衡量。交通条件的好坏不仅会影响到一个地区乃至一个国家的经济发展和日常生活，而且会对文旅交流产生重要的影响。便利的交通会大幅增加游客的访问和人文交流，极大地促进旅游业和文化产业的发展。

从交通条件与文旅的相互关系来看，前者是后者发展的基础和先决条件，后者也能对前者产生反作用，文旅开发能够显著带动交通条件的改善，二者可以协同共生、相互促进、融合发展。随着新文旅时代的到来，交通条件本身也逐渐演变成为旅游资源，也逐渐成为旅游吸引物和体验品，它能够极大地提升游客旅游的舒适度，也能够增进游客差异化感受和体验。

鉴于交通条件在旅游中的上述独特优势，世界上一些国家将旅游与交通设施建设紧密结合，创造出独特的旅游需求和旅游产品，比如欧洲的"铁路通票"和美国的旅游公路体系。

在共建"一带一路"中，中外联合兴建了大量交通基础设施，共建国家的交通条件得到极大改善，促进了各国文旅的发展；共建"一带一路"不仅充分利用有利的地缘因素赢得了难得的发展机遇，而且为共建国家注入新的活力，对共建国家经济社会发展作出巨大贡献。

四、地缘政治风险

地缘政治风险是重要的地缘因素之一，也是"一带一路"文旅企业必须正视的重要外在风险源头之一。虽然学界对地缘政治风险概念的探索已经足够多，也较为深入，但是远未形成共识。为便于后文展开问题分析，有必要先厘清这个关键概念。大卫·波尔等学者将地缘政治风险定义为由暴力冲突、国家竞争、市场结构、自然灾害等导致的政治风险、经济风险及自然风险。这是一个广义地缘政治风险概念，内涵延伸到经济和自然范畴。世界经济论坛对地缘政治风险具体内容进行了更为详尽的列举，该论坛在2023年发布的《全球风险报告》中指出，地缘政治风险包括大规模杀伤性武器的使用、恐怖袭击、政权崩溃、国家间冲突、地缘经济对抗、多边机制的无效性六个方面。其中，政权崩溃、国家间冲突和地缘经济对抗所带来的风险影响最大。近十年，国内学者以"一带一路"倡议为依托，陆续从多维度展开对地缘政治风险概念的探索。内容维度，蒋姮（2015）认为，地缘政治风险的表现形式越来越多样化，包括了政治、社会、经济、外交、宗教、冲突、环境、族群和非政府组织等众多非商业因子。[①] 研究思路维度，刘文革等（2018）发现，国内大多相关研究成果仍是延续了西方地缘政治的思想，也即"地缘会带来区域间甚至全球范围内的冲突，而冲突最终会阻碍世界经济的正常发展"。[②] 发展前景维度，张寒（2018）认为"一带一路"的地缘政治机遇与挑战并存，文化、宗教信仰和经济发展状况的差异都将可能引发地缘政治风险，从而使"一带一路"倡议的推行受到阻碍。[③]

从已有文献来看，国内外学者关于地缘政治风险的定义有一个最大的共同点：基于地缘政治影响因素进行定义，并采用了列举法。因为本书的研究起点是"一带一路"倡议，所以我们尝试加入时代背景和"一带一路"因子对地缘政治风险概念进行重新定义。笔者认为，与"一带一路"倡议相关的地缘政治风险是由参与到"一带一路"倡议中的世界各国，由于地理位置、国家政治制度、宗教、文化和经济发展水平等多方面的差异，也由于相关各

---

① 蒋姮."一带一路"地缘政治风险的评估与管理[J].国际贸易,2015,(08):21-24.

② 刘文革,周洋.地缘政治风险指数构建及其跨国比较[J].区域与全球发展,2018,2(02):5-29+154.

③ 张寒.浅谈"一带一路"的地缘政治想象与地区合作[J].中国集体经济,2018,(28):16-17.

方对"一带一路"倡议的不同理解等引发的对"一带一路"倡议的质疑、诋毁以及干扰等行为（比如政治暴动、政局不稳定事件、利益争端和协调困难等），"一带一路"倡议推进困难，或者在协议实施过程中由于突发事件等，合作项目暂停甚至失败，相关企业价值蒙受损失的风险。

作为影响"一带一路"文旅企业发展的重要外部环境因素之一，地缘政治风险必然对这些企业的经营活动产生重要影响。比如，俄乌冲突和中东地区的紧张局势使得相关的旅游目的地变得不安全，直接或间接影响游客的出行，极大地影响了这些地区的正常文旅交流。相反，地缘政治风险低，特别是地缘政治环境友好则会极大地促进文旅交流。

总而言之，作为外部环境因素的重要组成部分，地缘因素对文旅企业的战略、经营和发展的影响是全方位的、深刻的。本书对此概念及其子概念进行阐释——关注的不只是其中某个因子，而是整体，后文不再对个别概念进行深入探讨。

第三节 "一带一路"地缘因素分类

按照上文定义，地缘因素包含地理位置、地形地貌、气候条件、自然资源、交通条件、地域文化（含文化遗产）和地缘政治风险等内容（或称因子）。严格地说，这是一个内涵很丰富的概念，但是现有文献缺乏对其进行归类整理的阐释。本书尝试按照四个标准对其进行分类，分别是：地缘因子属性、地缘因素次级、地缘因素特征是否明确、是否具有实物形态。

一、按照地缘因子属性划分

首先，地缘因子属性可以分成两大类：自然属性和社会属性。自然属性是自然界事物的面貌、现象和规律等本质属性在人大脑中的反映和认识，它是客观的，不以人们的意志为转移。比如，地理位置、地形地貌、气候条件和自然资源因子，它们反映了地缘因素的自然属性，属于生产力范畴。社会属性是指特定经济基础下的事物本质属性与上层建筑的结合物。比如，交通条件、地域文化（含文化遗产）和地缘政治风险等因子，它们反映了地缘因素的社会属性，属于生产关系范畴。

二、按照地缘因素次级划分

按照次级划分，可以将地缘因素划分为一级地缘因素和二级地缘因素。特殊情况下，还可以进一步细分为三级地缘因素，甚至更多次级。次级的多少取决于地缘因子的数量和复杂程度，取决于人们研究和实际应用的需要。

地理位置、地形地貌、气候条件、自然资源、交通条件、地域文化（含文化遗产）和地缘政治风险一般归集为一级地缘因素，根据需要可以将其细分。比如，我国传统地域文化可以细分为两个二级地缘因素：东部汉族农耕文化和西部少数民族游牧文化。进一步细分为三级地缘因素：东部汉族农耕文化细分为江南水乡文化、华南沿海文化、黄土高原文化、华北平原文化、四川盆地文化和云贵高原文化；西部少数民族游牧文化可以细分为内蒙古草原文化、青藏高原文化和新疆荒漠绿洲文化。当然，随着经济社会的发展和技术的变迁，当下我国地域文化已在悄然发生着变化，上述细分结论适用性待后续研究进一步讨论。

三、按照地缘因素特征是否明确划分

按照地缘因素特征是否明确划分，可以划分为显性地缘因素和隐性地缘因素。显性地缘因素是指某些特征已经明确，已经能够被人们观察或认知的地缘因素。隐性地缘因素正好相反，其特征尚未明朗，处于隐蔽状态，难以被人们直接观察，或难以被人们认知。地理位置、地形地貌、气候条件、自然资源、交通条件一般可看作显性地缘因素，而地域文化和地缘政治风险则被归类为隐性地缘因素。对于前者的归类，争议较少。对于后者，这种划分具有一定的相对性，因为它们可能随着外界条件的变化而改变，可能由隐性地缘因素演变成显性地缘因素，反之亦然。比如地域文化，它包含了当地历史、传统、风俗和生活方式等方面的特殊性，也许人们还没有认识到，但是它早已存在了，早已渗透在该地域内人们的日常生产生活、社会制度组织和精神活动中，并对人们的价值观和审美产生潜移默化的影响。我们把处于这种状态的地域文化划归隐性的地缘因素。一旦其被人认知，并被加以开发利用，它就转化为显性的地缘因素。地缘政治风险也是如此，它可能随着国际局势的变化、国家间关系的调整以及新技术的发展由隐性地缘因素转化为显性地缘因素。

四、按照是否具有实物形态划分

按照是否具有实物形态可以将地缘因素划分为有形地缘因素和无形地缘因素。前者在地缘因素中占据大多数，是看得见的、摸得着的，人们可以通过感官予以感知，如地理位置、地形地貌、气候条件、自然资源和交通条件；后者是看不见的、摸不着的，或者即使有实物承载，其意味蕴含也不能通过人体器官予以感知，如地域文化和地缘政治风险。无形的地缘因素复杂而抽象，需要通过阅读资料和借助逻辑思维等进行分析和判断，以认识和理解它们，最终为人所用。由于无形的地缘因素认知难度大，所以人们驾驭它们的成本往往很高，而且误判的概率较高。在条件允许的情况下，在相关的研究和实践运用中，应当开发系统化、程序化的流程，尽量降低人为错误率和试错成本。

第四节 "一带一路"地缘因素成因

地缘因素成因研究具有重要的现实意义。

从宏观层面来看，地缘因素成因研究对于理解国际关系和制定国家战略十分重要。国家外交关系政策的制定、军事战略部署、国家安全战略制定、国家资源预算的编制、国际合作开展和国际技术协作，等等，都离不开地缘因素成因分析。以地理位置为例，两国越是临近，越可能形成共同的利益诉求或冲突，从而对两国之间的关系产生直接或间接的影响。

从微观层面来看，地缘因素成因研究对企业战略制定、经营活动安排、目标市场的定位和风险管理等同样十分重要。从企业战略制定角度来看，精准了解地缘因素成因往往有助于企业制定精准的发展战略。比如，地缘政治风险往往是企业战略决策必须考虑的重要因素，地缘政治风险高发的地区发生的暗流涌动、地区冲突或政治动荡都很可能影响企业的投资、生产和销售，相关企业需要对地缘政治风险进行充分评估和论证，并找到相应对策。否则，战略失败或失当都可能给企业带来严重损失，导致企业目标无法实现，极端情况下还会招致企业破产。

地缘因素的成因可以按照不同的标准进行分类，下面介绍两种分类方法：按照缘起进行分类和按照影响范围进行分类。

一、缘起

地理位置、地形地貌、气候条件和自然资源均源自自然界，不受人们的主观意志支配，我们把它们归纳为自然成因。比如，地理位置是地缘因素中极为关键的因子，其位置的远近、区位优势劣势、边界的状况和陆海信息，等等，都会对一个国家或地区的安全、民生和经济发展产生重要影响。比如，沿海地区往往具有区位优势，具备良好的海运条件，适合发展外向型经济和开展国际贸易。

交通条件、地域文化（含文化遗产）和地缘政治风险内生于人类社会，受社会群体活动影响和支配，我们把它们归类为社会成因。比如地缘政治往往源自大国之间的竞争和博弈，它们为了维护自身利益、国际地位或影响力，会运用各种方式和手段在区域或全球范围内进行地缘政治操弄，不惜制造热点、冲突甚至战争。发展到一定程度，这些错误行为很可能引起相关国家或组织的不安和反抗，继而引发一连串的地缘政治问题。

二、影响范围

按照影响范围进行成因分类，上文提到的地缘因素七因子地理位置、地形地貌、气候条件、自然资源、交通条件、地域文化（含文化遗产）和地缘政治风险都可以分为国际成因、地区成因和国别成因，其间关系参见图1-4。下面以地缘政治风险为研究对象进行举例分析。

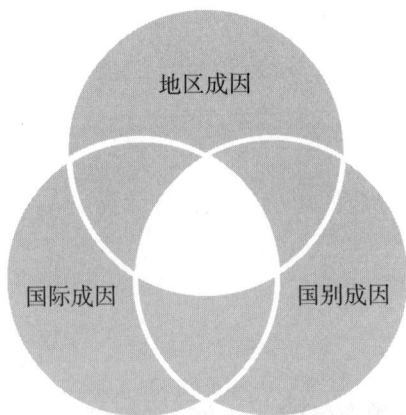

图1-4　地缘政治风险成因分类

在一定程度上，地缘政治风险是时代的产物，随着时代的变迁其含义和诱因会发生相应变化。"一带一路"倡议无疑对当今地缘政治风险产生了系统而深远的影响。共建"一带一路"国家中有些属于战乱频发、冲突不断的高风险地区，近年来，由地缘政治风险爆发引发的国家间投资合作暂停，甚至投资项目遭受巨大损失等事件都给共建"一带一路"造成严重负面影响。通过分析"一带一路"地缘政治风险的成因，可以更好地对其进行观测和把控，从而营造一个相对安全和平的双边和多边投资合作环境。

（一）国际成因

国际成因是指由复杂而多变的国际环境引发的地缘政治风险。首先，当前世界格局仍在加速演变，正在经历大发展、大变革和大调整，以前美国世界霸主的地位正在逐渐受到多元化、大国崛起的挑战，中国业已成为世界第二大经济体，世界也进入"后美国时代"。而在此背景下，一方面，美国为了继续维持它的全球领导地位，不断对世界各国进行干预，企图借助世界其他战略要地实现对中国的牵制，如美国进行的"亚太再平衡"战略就是企图利用印度的力量保护自己的领导地位，美国通过对其他国家的干扰诱导，试图引起其他大国对"一带一路"倡议的质疑，甚至对中国进行"一带一路"倡议的目的产生怀疑，使之无法顺利推进；另一方面，美国因其世界地位受到动摇，对维护现有的国际体系失去兴趣，竭力通过主导修改或重新制定国际规则，继续维护其在国际事务中的霸主地位。其次，全球人口贫富差距进一步加剧，国家间的贫富差距触目惊心。据统计，部分国家的基尼系数已经达到 0.7，而世界基尼系数的警戒线是 0.4，贫富差距的加大使得一些贫穷国家对现有国际体系失去信心，从而地缘政治风险激化。再次，世界经济还未完全走出 2008 年金融危机之后的低迷状态，经济增长乏力，全球发展失衡，各国都在努力探索各自新的发展道路和发展模式，在此过程中难免出现国家间的地缘纷争，从而诱发地缘政治风险。最后，世界上许多地区动荡不安，反全球化的民粹主义思潮泛滥，恐怖主义抬头，地缘矛盾愈演愈烈。全球化的不确定性和不稳定性急剧上升，这也在一定程度上拉升共建"一带一路"中的地缘政治风险水平。

（二）地区成因

依据"一带一路"倡议辐射的路线范围，本书主要将亚欧非大陆按照地理位置上的地缘关系划分为东北亚地区、东南亚地区、南亚地区、西亚北非地区、中东欧地区和中亚地区六个战略板块。各个战略板块内部不断产生地缘震动，各战略板块之间也会相互作用、互相牵制。

以中亚地区为例，从地缘政治视角看，这里是相对稳定的地缘地带，但是仍然存在许多地缘政治风险因素。大国势力交汇使这里的国家在外交政策取向上倾向于"平衡外交"；恐怖主义等威胁地区安全的因素仍然存在。

（三）国别成因

除国际整体和地区地缘因素可能引发地缘政治风险外，共建"一带一路"国家内部因素也有可能引发地缘政治风险。随着"一带一路"朋友圈的扩大，共建国家内部政治局势以及经济发展水平等因素不仅决定了其国际地位和外交战略，也会影响其对"一带一路"的政策取向，给其参与共建"一带一路"的意愿和行动带来不确定性。

第二章

文旅企业参与共建
"一带一路"及其财务活动
受地缘因素影响的逻辑

　　文旅企业是本书的研究对象，其概念内涵的清晰界定对于确定写作边界和集中探讨问题至关重要。因此，本章第一节对文旅企业狭义定义和广义定义进行了区分。为了回答文旅企业与"一带一路"相关性问题，第二节、第三节论述了依托"一带一路"发展文旅企业的必要性和可行性。本章的关键在第四节，即：对"一带一路"地缘因素影响文旅企业发展的内在逻辑进行全方位的深入研究。笔者认为，从财务视角来看，地缘因素对"一带一路"文旅企业财务活动的影响符合"直接作用，或通过中介间接传导发生作用"的内在逻辑，具体作用路径分成三条：（1）"地缘因素—企业战略—经营活动—财务活动"，（2）"地缘因素—资本市场—财务活动"，（3）"地缘因素—财务活动"。

第一节　文旅企业概念内涵

一般认为，文旅企业是"文化旅游企业"的简称，具体包括文化企业和旅游企业。在倡导文化和旅游融合发展的新理念指导下，文旅企业发展成为一种备受瞩目的新型企业组织形式。

一、文化企业

目前，国内外鲜见对文化企业权威、明确的定义。本书从其经营业务范围和性质等角度入手分析提炼其要义。

中共上海市委宣传部于 2014 年 11 月 20 日发布的《上海市文化企业界定参考标准（试行）》，比较详细地界定了文化企业，包括文化、艺术、演出经纪企业，从事新闻出版、广播影视和文化艺术展览的企业等类目。

"十四五"规划中提出："实施文化产业数字化战略，加快发展新型文化企业、文化业态、文化消费模式，壮大数字创意、网络视听、数字出版、数字娱乐、线上演播等产业。"新型文化企业首次出现在中央文件中。这个新概念的提出赋予文化企业全新的内涵：这种组织的经营对象是文化，核心资源是文化资源，目标是文化价值创造，特色是新型，路径是与旅游融合发展，以及本质仍然是企业。

根据上述两个重要依据，可以从业务经营范围、企业发展目标和经营方式等维度对文化企业进行定义：文化企业是指依法设立的，依托文化资源，经营文化业务，独立核算、自主经营、自负盈亏的经济实体。文化企业的经营范围主要包括文化、艺术、演出经纪业务，新闻出版、广播影视和文化艺术展览业务，以及专业演出场所的经营业务，等等。文化企业的运营模式是，通过文化产品和服务的创作、生产、传播和展示来实现文化价值的创造。"十四五"规划中指出，要"加强区域旅游品牌和服务整合，建设一批富有文化底蕴的世界级旅游景区和度假区，打造一批文化特色鲜明的国家级旅游休闲城市和街区"，明确提出了文化和旅游融合发展的方向。

二、旅游企业

旅游企业是指依托旅游资源，通过提供旅游设施、旅游产品和服务等满足游客旅游消费需求，依法设立的自主经营、自负盈亏的经济实体。旅游企业一般包括旅游饭店、旅行社、景区旅游车船公司以及专门从事旅游商品买卖的实体。按照价值链追溯，旅游企业还包括与旅游相关的上下游企业，比如旅游产品供应商。因为游客的旅游活动集物质生活消费、文化生活消费和休闲消费于一体，是一种新型的高级的社会消费形式。所以旅游企业，特别是旅游企业集团的经营活动往往是丰富多样的，融合了多种业态。

在具体经营活动中，这些企业向游客提供的服务项目丰富多样、各具特色。比如，旅行社通常从事招揽、联系、接待、安排旅游者进行旅游活动等项目；宾馆（饭店）主要为旅游者提供住宿、饮食和其他服务；旅游车船公司（队）为旅游者提供交通运输服务；旅游商店则在游览点、旅游宾馆或其他地方向旅游者提供旅游商品；等等。

旅游企业往往在经营活动中以各种形式加入传统文化因素。比如，举办传统文化节庆活动，每年春节全国各地举办的庙会就属于古老的中国传统民俗文化活动。再如，设立传统文化展览馆或博物馆，展示当地的文化艺术品、手工艺品和习俗。此外，还有打造特色文化旅游景区、建设文物遗址主题博物馆、推广传统文化艺术表演、开展传统手工艺体验活动、进行传统文化教育和培训活动、打造创新体验式乡村文化乐园，以及开展非遗体验活动，等等。旅游企业在经营活动中加入一些传统文化元素不仅能充分吸引游客参与体验，增加旅游收入，而且能较大地提升营业活动的文化内涵和旅游的吸引力。

三、文旅企业

从上述文化企业和旅游企业定义来看，这两种企业分别以独立的业态存在，有明确的经营边界。若从发展趋势来看，则有相互渗透和交织的现象，即：混合经营活动不断推出和扩大，文化企业意欲与旅游融合发展，而旅游企业在经营过程中不断增加文化元素。这种现象存在已久，并不断扩大和深入。单从数量变化角度来看，似乎不太引人注目，简单地把"文旅企业"理解为"文化企业"和"旅游企业"的合称、简称也能为人们所接受。但是，若作更深层次分析，我们不难发现，这种变化可能不是简单的数量演变或叠加，而是孕育着"质变"，"文旅企业"是多种业态的综合体，极有可能是一种新的企业组织形式。

我们可以从以下五个维度对文旅企业进行定义：第一，在新时代，文旅企业要符合我国经济和社会主义发展方向，遵从社会主义核心价值观；第二，文旅企业是独立核算、自主经营和自负盈亏的经济实体；第三，文旅企业是文化资源和旅游资源综合运用的载体，不是将旅游元素和文化元素简单地堆积和低效率地使用，而是将旅游资源和文化资源深度融合，为游客和社会创造价值，并实现其自身的保值和增值目标；第四，文旅企业充分运用现代科学技术和科学管理等有利因素，始终保持组织创新，增强适应性和包容性，融入全国乃至全球文旅产业生态系统，实现互利共赢；第五，文旅企业还应当从现代文化产业体系、旅游产业体系，乃至全国产业体系高度出发，坚持把社会效益放在首位、社会效益和经济效益相统一。实施文旅产业数字化战略，不断推动文化和旅游进一步融合发展。

四、文旅企业的一般特征

上述有关文旅企业的定义属于狭义文旅企业范畴，而文化企业、旅游企业和文旅企业（狭义）合起来可被看作广义文旅企业范畴。广义文旅企业概念更加适合本书，后文不再对这三个概念加以区分，统称文旅企业。围绕"一带一路"研究主题，文旅企业的一些重要共性对本书后文的展开十分重要，在此概要地加以阐释。

第一，文旅企业或者依托文化资源，或者依托旅游资源，它们同属于资源型企业。各个文旅企业在资源禀赋上的区别主要在于，有些文旅企业对文化资源依赖多一些，有些文旅企业对旅游资源依赖多一些，另外一些文旅企业对两种资源依赖基本并重。

第二，文旅企业的共性很大程度上来自文化资源和旅游资源的属性。文化资源和旅游资源都具有区域性、稀缺性、多样性和经济性等共性。而在独特性方面，文化资源更明显一些。比如，文化资源里的民族文化资源具有融合性、独特性和创新性，民俗文化资源具有民族性、时间性、社会性和传承性，宗教文化资源还有宗教特点。

第三，文旅企业与"一带一路"高度契合。文旅企业的资源特性及其属性是形成其产品和服务差异性、稀缺性的关键，容易在共建"一带一路"国家产生消费需求，进而对全面推动共建"一带一路"高质量发展产生积极的促进作用。

第二节　文旅企业参与共建
"一带一路"的必要性

一、文旅企业参与共建"一带一路"是执行国家政策的必然要求

《"十四五""一带一路"文化和旅游发展行动计划》等政策文件对文旅企业参与共建"一带一路"进行了系统谋划和科学安排，为文旅企业提供了明确的发展方向和工作目标。文旅企业参与共建"一带一路"有助于促进国际、地区和国家之间的文化交流和民心相通。文化、旅游的交流合作不仅能够不断增进各国人民之间的了解和友谊，为各国文化繁荣和旅游产业发展带来新的机遇，而且能间接促进"一带一路"国家经济和社会的全面发展。与此同时，文旅企业也可以提高经济效益和实现自身的发展。

二、文旅企业参与共建"一带一路"可以充分发挥文旅产业的功能

文旅产业的发展不仅是国家硬实力的体现，也是软实力的体现，通过旅游产品开发、文化融合等方式，文旅企业能够为共建"一带一路"疏通和扩展合作渠道。具体地说，文旅产业的功能大致可以概括为四个方面：

（1）文化交流与互鉴。这种文化交流不仅有助于增进各国人民之间的友谊，推动各国文化的相互理解、尊重和包容，而且能为各国文化带来新的发展机遇，促进世界文化的多样性和繁荣发展。

（2）促进经济发展与产业升级。文旅产业本身是世界经济的一部分，也是当今经济增长的重要动力。文旅企业参与共建"一带一路"，开发具有特色的文化旅游产品，可以吸引更多的国际游客，带动当地旅游业和文化业的繁荣，促进当地产业升级和转型，从而推动国家的经济发展。

（3）促进民心相通与人文交流。通过参与共建"一带一路"，文旅企业可以加强共建国家人民之间的理解和友谊，促进人文交流，从而有助于增进各国人民之间的相互信任与合作，为共建"一带一路"营造良好的社会基础。

（4）推动生态文明建设。在参与共建"一带一路"的过程中，文旅企业可以注重自然生态与文化生态的深度融合，推动绿色旅游和生态旅游的发展，从而有助于保护共建国家的生态环境，促进"一带一路"高质量共建和可持续发展。

三、文旅企业参与共建"一带一路"能够释放强大的溢出效应

文化与旅游业的深耕和深度融合，可以推动富有文化内涵的旅游产品和文化创意产品与活动的开发，促进各国的文化创新以及生活消费的层次和质量的提升。这种深度融合能够产生很大的溢出效应，提高共建国家居民的获得感和幸福感，最大限度地实现共建"一带一路"的合作共赢。

第三节　文旅企业参与共建
"一带一路"的可行性

"一带一路"倡议向世界注入新的发展动力。越来越多的中国企业走出国门参与共建"一带一路",农林牧渔业、交通运输业、能源业、制造业和文旅业等多个行业走向共建国家,为打造更为开放、普惠的国际经济环境作出贡献。在这些"走出去"的行业中,文旅业的重要地位不言而喻。厚重的历史文化、丰富的人文与自然景观和地理位置上明显的互通优势,在很大程度上奠定了共建国家文旅业繁荣发展的基础。"一带一路"倡议的实施不仅将共建国家推向世界舞台,而且将这些国家丰富的旅游资源和文化资源激活,为世界文旅业和世界经济带来新一轮的发展契机。一段时间以来,国内旅游业和文化产业竞争日趋白热化,许多文旅企业经营面临很多困难,比如筹资渠道单一、融资成本高等。"一带一路"给这些企业纾困提供了很好的契机,它们竞相积极参与共建,重新确定经营方向和运营模式,借机谋求快速稳健的发展之路。

一、借地区优势发力参与共建"一带一路"

自"一带一路"倡议提出以来,全国 31 个省、直辖市、自治区均已建立推进"一带一路"建设工作领导小组,并陆续制定"一带一路"建设对接方案。香港、澳门特别行政区也发挥独特优势,积极参与和助力"一带一路"建设。我国结合"一带一路"的走向和规划以及各省份独特的地理位置、自然资源和发展阶段,圈定了 18 个省份作为"一带一路"的重点省份,比如新疆、陕西、甘肃等。国家对于这18个省份分别进行了精准的战略定位，例如新疆被定位为"丝绸之路经济带核心区"，福建则被定位为"21世纪海上丝绸之路核心区"。以战略定位为依托，各地政府部门为地区诸多行业参与"一带一路"的方式提供战略指引和帮助。因此，相对其他地区的文旅企业而言，位于这18个省份的文旅企业占据着更为良好的区位优势。但是，因为各省的经济发展状况、资源存量以及人才占有率等都有显著不同，所以各省文旅业发展状态也不平衡。例如，云南省虽然具有得天独厚的地理资源，但是在技术发展层面较为落后，文旅业经营效率低下，发展缓慢。该省的文旅企业应当充分利用共建"一带一路"互联互通原则，积极引进先进地区及文旅业发达国家的技术和经验来推动本省文旅业发展。再如，广东等发达地区同时具有资源优势和先进技术，为当地文旅业的发展提供了强劲的动力，当地的文旅企业应当把握"一带一路"平台提供的机遇，进一步扩大自己的优势。值得特别关注的是上海等城市，虽然近年来这些地区在资源、人才和技术的多重支撑下实现了文旅业快速、稳健的发展，但是已经步入发展的瓶颈期，当地的文旅企业必须及时进行要素重组和战略调整，创新文旅发展模式，通过注入新的资源、技术、资金等要素激发动能，继续保持其在文旅业的领先地位。

综上所述，各个地区的文旅企业应当因地制宜，充分利用当地的优势资源，综合考虑环境因素，找准促进企业发展的着力点，更有效地参与"一带一路"建设。除圈定的18个"一带一路"重点省份的文旅企业，其他省份的文旅企业也应当扩大自己的"朋友圈"，乘"一带一路"顺风车，实现文旅业务规模和效益双丰收。

二、响应国家政策积极参与共建"一带一路"

共建"一带一路"国家巨大的人口规模蕴藏着人口红利，这意味着开拓"一带一路"文旅业面临重大机遇。就行业发展成熟度而言，新加坡、沙特阿拉伯等国家的文旅业发展较为成熟。相比较而言，我国国内的文旅业在快速发展的过程中遗留下很多弊端，可以通过与文旅业较为发达国家的相互交流合作，充分借鉴其发展经验，创新商业模式。

在共建"一带一路"过程中，文旅业承担着重大责任。各国旅游企业的深入交流与合作，有助于加深各国之间的了解互信，消除文化隔阂与偏见，弱化地缘政治风险，为其他领域更大规模、更高效益的合作创造必要条件。因此，国家先后颁布了一系列的政策法规以支持"走出去"的文旅企业在海外实现更为安全、更为稳妥的发展。比如，国家发展改革委、外交部和商务部联合发布了《推动共建丝绸之路经济带和21世纪海上丝绸之路的愿景与行动》，该文件不仅明确指出加强国际旅游、文化合作的必要性和重要性，而且出台了互办文旅推广周、宣传月等具体措施。我国还不断为一些欠发达国家的基础设施建设提供帮助，实现共建国家基础设施的联通畅通，大幅提升了文旅交流的可达性，从而极大地推动了被投资地区文旅企业之间的发展合作。总而言之，"一带一路"建设全方位促进了共建国家充分了解中国，增进中外相互合作意愿；以政策沟通、设施联通、贸易畅通、资金融通和民心相通为合作内容，为文旅业的发展创造了十分有利的条件；使越来越多的文旅企业自觉自愿走出国门，开拓海外市场。

三、民营文旅企业搭中央文旅企业"顺风车"参与共建"一带一路"

在共建"一带一路"过程中，中央企业和民营企业参与的规模、意愿和方式均存在一定程度的差异，民营企业最担心风险问题。比如在规模较大、投资额度较大且地缘政治风险和财务风险双高的情况下，一般参与合作的是中央企业。除了经营活动，央企还肩负着维护国家外交形象和推行国家战略的重大责任。随着中央企业与共建国家的合作逐渐深入，民营企业走出国门的条件越来越成熟。所以，在参与共建"一带一路"过程中，中央文旅企业应当率先承担起自己的责任，发挥积极示范作用，民营文旅企业应当乘势紧随其后。值得注意的是，无论是中央文旅企业，还是民营文旅企业，在参与共建"一带一路"过程中应当以其核心业务与共建国家的文旅企业进行深度合作。这种合作方式一方面可以在一定程度上降低财务风险水平，另一方面可以提高企业核心业务在市场上的竞争力水平，为文旅企业在国外持续发展壮大创造有利条件。

第四节　地缘因素影响"一带一路"
文旅企业财务活动的逻辑

　　根据现代财务学理论，企业的价值取决于其获得超过资本成本的资本回报的能力。资本成本的高低取决于企业外部资本市场；资本回报则由公司自身盈利潜力决定，而盈利潜力取决于企业战略选择。无论是企业利用外部资本市场获取必需的经济资源，还是根据企业发展目标作出战略抉择，都离不开对外部环境的分析。该理论也适用于"一带一路"文旅企业价值分析。

　　"一带一路"文旅企业在经营过程中会受到各种内部因素和外部因素的影响，甚至干扰或破坏。其中，地缘因素的影响就不容小觑，它不仅会引起资本市场的波动甚至动荡，还会对文旅企业经营活动产生全局性、深层次的影响。仅从财务视角来看，地缘因素对"一带一路"文旅企业财务活动的影响符合"直接作用，或通过中介间接传导发生作用"的内在逻辑，具体作用路径分成三条：一是"地缘因素—企业战略—经营活动—财务活动"；二是"地缘因素—资本市场—财务活动"；三是"地缘因素—财务活动"（见图2-1）。

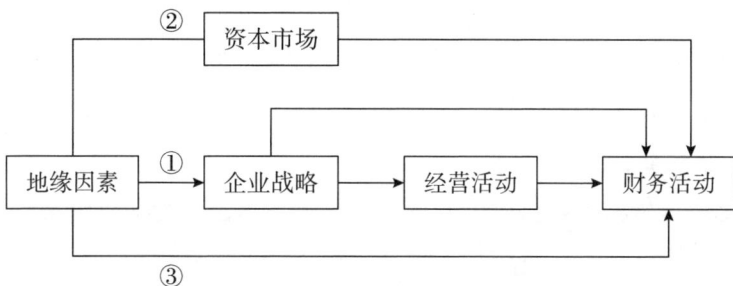

图2-1　地缘因素影响"一带一路"文旅企业财务活动的逻辑与路径

一、地缘因素—企业战略—经营活动—财务活动

地缘因素影响"一带一路"文旅企业财务活动的第一条路径是通过中介间接传导，即：地缘因素影响企业战略，再经由企业战略影响企业经营活动，最终通过企业经营活动影响企业财务活动。

（一）现代企业战略理论

战略概念有两重含义，广义的战略是指组织（企业或事业单位等）为之奋斗的某个或某些目标，以及为实现目标所选择的实现途径的集合；狭义的战略是指组织为实现目标而采取的资源配置计划及其与环境相互匹配的模式。

伊戈尔·安索夫《企业战略》的面世意味着现代企业战略理论研究正式开启。此后，众多学者加入该领域，推出一大批学术研究成果。20 世纪 80 年代以来，企业战略理论发展迅猛，形成了以竞争战略理论、动态竞争战略理论和战略生态理论等为代表的、备受企业推崇的理论流派。这些战略理论有力地推动了企业经营活动的开展，在实现企业经营目标方面发挥了建设性作用。

竞争战略理论可以进一步细分为行业结构学派、核心能力学派和战略资源学派。行业结构学派由迈克尔·波特教授创立，其主要观点是，投入竞争的一个或几个行业是构成企业环境的关键部分，行业结构不仅会极大地影响竞争规则的确立，而且会极大地影响可供企业选择的竞争战略。行业结构学派的实践运用方法是开展行业结构分析，即：通过理解行业结构确立竞争战略。行业结构分析法运用的三个关键点在于：第一，对企业竞争战略的考量必须与其所处的外部环境联系起来；第二，对企业外部环境因素进行区分，并将行业因素作为重点；第三，通过行业结构分析确定企业的竞争范围，进而评估企业潜在的盈利能力。为了方便企业运用行业结构战略理论，迈克

尔·波特教授还于 20 世纪 80 年代创新性地构建了五力分析模型,并加以推广应用。五力分析模型从潜在进入者的威胁、行业中现有企业间的竞争、替代品的威胁、购买者的谈判能力和供应者的谈判能力五个维度分析企业所处的外部环境,帮助企业更好地理解行业的结构和竞争环境,从而制定合适的竞争战略,以增强其市场地位和竞争力。

20 世纪 90 年代以来,企业赖以生存的外部环境发生了巨大变化,企业生态系统理论逐步确立并被广泛应用。政企关系研究越来越为学术界所重视,耦合型政企关系概念被提出(王欣,2022),即:政企关系可分为系统耦合、战略伙伴、长期契约、价值共创、事务协作、市场交易、利益攫取、关系维护、资源互换等九种类型。[①] 基于企业理论研究的上述新进展和"一带一路"倡议下政府的重要作用(与上文政策介绍应该呼应),本书将迈克尔·波特的五力分析模型进行扩展,增加政府的参与能力,形成"六力"模型,为文旅企业提供更加全面有效的战略规划工具。详细情况见图 2-2。

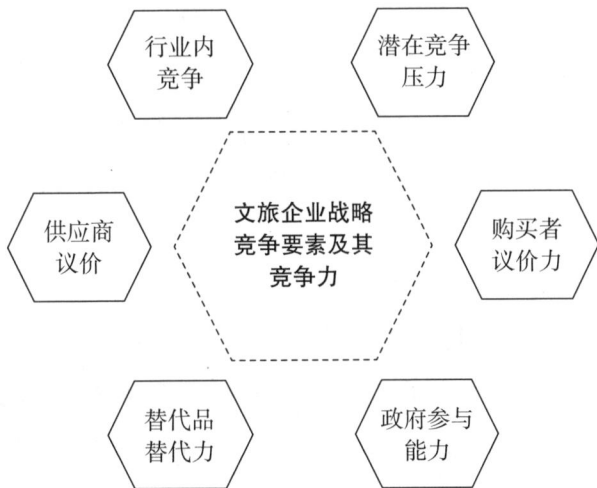

图 2-2 文旅企业战略竞争力模型

---

① 王欣.耦合型政企关系的理论建构与中国政企关系的优化方向[J].西安交通大学学报(社会科学版),2022,42(06).

核心能力学派由普拉哈拉德和哈默等人创立，该理论将企业竞争优势的研究视角从企业外部转移到企业内部，从聚焦行业结构研究转移到企业核心能力研究。通常一个企业具有许多能力，比如生产能力、研发能力、管理能力和营销能力。虽然这些能力也是一般企业所必需的，但是企业最不可或缺的是核心能力。学者普遍认为，企业核心能力必须具有如下特性：（1）它可以使企业进入各种相关市场参与竞争，并确保企业具有一定程度的竞争优势；（2）它具有一定程度的专属属性，不会轻易地被竞争对手拿走或模仿；（3）它内生于企业，主要来自企业范围内的集体学习、经验规范和价值观的传递；（4）它不是一成不变的，而是呈现出一种动态的非均衡状态，并且与企业内、外环境进行信息和能量等的交换，随着外部环境和内部发展目标的变化进行动态的调整。

核心能力学派的实践运用方法是围绕培育和增强核心能力来制定企业的发展战略：（1）科学、准确地定义企业的核心能力；（2）以企业核心能力为基础制定适合企业的进攻性战略目标；（3）围绕设定的核心能力进行组织变革，聚焦战略目标进行员工专业技能提升和资源配置；（4）监测竞争战略实施效果，根据效果进行考核和激励。文旅企业应在包括但不限于资源调配、增强文化资源吸引力和优化降低成本措施等核心能力打造方面加大投入，从而确保企业在战略上占据主动。

战略资源学派代表性人物伯格·沃纳非尔特认为，就企业创造市场优势而言，公司内部环境比外界环境更具有决定性作用；企业自身的组织能力、资源和知识的积累是企业实现战略目标、获得超额收益和保持竞争优势的关键。在企业战略实践中，战略资源学派专注于如何培育企业独特的战略资源，以及最大限度地优化配置这种战略资源的能力等问题。文旅企业的战略资源主要包括文化资源、自然资源、政策支持、人力资源、技术创新、资金支持和多业态融合等。特别是文化资源，它是吸引游客的重要因素。文旅企业应当做好文化资源的战略规划、运营计划，充分发掘文化资源的潜力，做到文化资源保护和经营一体化，为文旅经济可持续发展和高质量发展作出应有的贡献。

动态竞争战略理论认为，竞争本质上是动态的，优势或劣势都是暂时的。只要不断采取行动，劣势就可能得以转化；只有不断采取行动，优势才可能持续，否则可能被逆转。要从企业自身和竞争对手的洞察力、动力和能力等维度入手，从资源和市场等角度识别现存的和潜在的竞争对手。动态竞争战略理论给企业提供了辩证的战略分析和战略抉择的思路，也给企业战略管理提出了具体要求，即：战略管理要具体问题具体分析，为此采取的一切策略或措施要适应变化着的环境和竞争对手，否则一切举措都可能是徒劳。动态竞争战略理论对"一带一路"文旅企业的重要启示在于，竞争战略的制定、核心能力的打造与战略资源的发掘和保护等一系列战略行动和举措绝不能毕其功于一役，而应当持续推进、实时监测和有计划地动态调整，使战略规划发挥战略引领和指导作用，从而促进企业居于高质量发展的快车道。

战略生态理论创立者詹姆斯·摩尔认为，企业存在于一个包括供应商、主要生产者、竞争者和其他利益相关者等在内的企业生态系统之中，任何企业都是该系统的一分子，而不是游离于这个系统之外的单一企业。在这个系统之中，组织之间、个人之间以及个人与组织之间都会发生相互作用。而且，企业生态系统还会与自然环境、经济环境和社会环境发生各种相互作用，进行资源、信息的交流和互换。战略生态理论能够满足网络时代复杂战略环境条件下企业战略管理需要，是传统战略理论的升级版。"一带一路"文旅企业要根据战略生态理论的特点进行战略分析和战略抉择：（1）进行利益权衡。不仅要考虑自身利益，而且要考虑生态系统的整体利益。（2）进行配套投资。不仅要对核心生态系统进行投资，而且要对整个生态系统进行适度投资。（3）强调生态进化，建立与技术、环境的长期适应性。

推动企业战略理论产生和发展的重要外在动力来自企业外部环境的日益复杂、多样和多变。诸如产品需求结构的重大变化，生产竞争的加剧，资源供应短缺，科技的不断进步，生态环保呼声的高涨，产业结构的变化调整，法律法规的出台、修订或废止，以及政府管理要求的不断提高等，其中的某个或某些因素凸显和发生就足以引起企业管理层的警觉和关注。企业必须主动或被动地进行战略调整，对外界环境的这种变化作出适当响应。在"一带一路"倡议下，文旅企业面临的经营环境颇为复杂，包含诸多机遇与挑战。每个企业都要在抓住各种有利机遇的前提下，直面激烈的国际竞争，更加聚精会神地应对种种困难和问题带来的挑战。针对内部经营困难，要集中研究在不同文化背景下如何开展有效运营的问题；针对国际市场激烈竞争带来的问题，要集中在品牌和服务质量等方面做文章；针对复杂的地缘因素带来的合作困难问题，要积极寻求政府、海关和行业组织等多方面配合和联动。

（二）文旅企业战略风险

战略风险是由战略决策带来的风险。战略风险可以划分为系统风险和非系统风险，前者通常由宏观经济因素、政策变动、自然灾害、社会政治事件等不可抗力引起，与整个市场的波动密切相关，无法通过分散化原理加以消除；后者通常由企业自身特殊因素引起，与整个市场波动不存在密切相关性，可以通过分散化原理消除或降低。归根结底，战略风险的成因有两个：一是客观原因，也就是企业的外部环境发生变化以及创造价值流程发生变化，企业的战略、资源、能力和环境之间不匹配和不均衡，支撑企业竞争优势的资源和能力遭受损伤或不足；二是主观原因，也就是企业的战略分析和决策者由于能力不足无法作出正确的战略决策，或者由于战略执行不到位而无法将正确的战略决策加以有效运用和实施。

罗伯特·西蒙以企业为考察对象，将战略风险分为四大类：运营风险、资产损伤风险、竞争风险和商誉风险。本书沿用罗伯特·西蒙提出的战略风险分类整体框架，并在充分考虑文旅企业经营特点的基础上在资产损伤风险里增加文化资源保护风险。主要原因是，文化传承中断和文化资源滥用可能对文旅企业的长期发展产生负面影响。我们已经注意到，ESG 策略对企业的重要性与日俱增，ESG 策略不当可能招致严厉的政策与监管压力，从而引发企业商誉风险。我们在企业战略风险中加入这一重要因子，详细情况见表2-1。

表2-1 文旅企业战略风险类型及具体成因

战略风险类型	具体成因
运营风险	（1）企业产品结构、新产品研发方面可能引发的风险。 （2）企业新市场开发、市场营销策略方面可能引发的风险。 （3）企业组织效能、管理现状、企业文化，管理人员和重要业务流程中专业人员的知识结构、专业经验等方面可能引发的风险。 （4）质量、安全、环保、信息安全等管理中发生失误导致的风险。 （5）因企业内、外部人员的道德风险或业务控制系统失灵导致的风险。 （6）企业现有业务流程和信息系统操作运行情况的监管、运行评价及持续改进能力方面引发的风险。
资产损伤风险	（1）财务损伤所导致的风险，是指重要的资产负债表上用于再出售和作为从属抵押品的资产发生市场价值的减值所造成的风险。 （2）知识产权损伤所导致的风险，主要指失去或者损伤知识产权等无形资产造成的重要战略风险。 （3）财产意外损伤风险，如地震、水灾、火灾、恐怖活动等导致的资产损伤风险。 （4）文化资源保护风险，指文化传承中断和文化资源滥用可能对文旅企业的长期发展产生负面影响。
竞争风险	（1）同行业竞争者引发的竞争风险。 （2）行业潜在竞争者引发的竞争风险。 （3）除了国内竞争者外，国际市场竞争可能引发的竞争风险。
商誉风险	（1）针对自然灾害，公司的危机公关处理方式可能引发的商誉风险。 （2）竞争对手的攻击可能引发的商誉风险。 （3）人为灾难，如道德欺诈等有关商业道德的不诚信或欺诈行为足以产生毁灭一个企业的商誉风险。 （4）ESG策略不当可能招致严厉的政策与监管压力，从而引发商誉风险。

（三）地缘因素影响文旅企业战略、经营活动和财务活动的路径

有关战略与地缘因素关系问题的讨论可以从宏观和微观两个层面展开：宏观层面可以探讨地缘因素与国家安全战略、经济战略、军事战略、文化战

略、外交战略之间的关系及其相互之间的关系；微观层面可以探讨地缘因素与企业战略的相互关系。遵从本书的研究主旨，我们的讨论聚焦微观层面。通过分析地理位置、地形地貌、气候条件、自然资源、交通条件、地域文化（含文化遗产）和地缘政治风险等因素与企业战略之间的关系，揭示其如何对企业的战略选择和战略风险产生影响，以及其如何进一步对企业的经营活动和财务活动产生影响。对大多数企业而言，这些因素属于一般外部环境，在战略、经营决策中需要加以分析讨论，但不作特别关注；但对"一带一路"文旅企业而言，其重要性可能很突出，必须格外加以重视。下面以地域文化为例，探讨地缘因素对文旅企业的战略制定的影响，进而探讨其对文旅企业经营活动和财务活动的影响。

第一，地域文化能对文旅企业的战略产生重要影响。地域文化属于文化范畴，是文化概念的子集，它是在一定地域成长起来、独具特色、传承至今仍发挥作用的文化传统。地域文化具有文化的一般特征，但又有其特殊性（个性）。地域文化的个性主要表现为独特性和多样性，这些个性的形成与地理环境密切相关。地域文化，特别是其中的文化遗产，是文旅企业的战略资源，也是其核心竞争力的重要体现。因此，几乎所有的文旅企业都将其纳入战略考量，甚至将其作为核心战略资源加以重视。文旅企业可以通过提升项目特色和竞争力，提高文旅产品和服务的市场辨识度和吸引力，避免陷入同质化竞争；可以通过文旅项目让游客深入了解地方传统文化内涵，提高顾客满意度和忠诚度；可以通过特色表演活动和广泛传播促进更多的人实现文化价值认同，不仅能够促进文旅经济发展和提高经济效率，而且能够促进文化传承；通过充分展示地域文化特色，实现品牌增值。反之，对文化资源开发不足，或者使文化遗产遭受破坏，将直接导致文化资源供应不足，导致文旅产业链受到干扰或者中断，进而导致自身承受极大的战略风险。

第二，通过传导，地域文化对文旅企业的经营活动乃至财务活动产生间接影响。对地域文化地缘因素重视不够或者文化遗产遭受破坏不仅会使文旅企业直接遭受战略风险，导致文化资源供应不足、文旅产业链受到干扰或者中断，而且会间接影响到文旅企业的生产和运营，甚至影响到文旅企业的财务活动。主要表现有：影响文旅企业产品和服务文化内涵的发掘和展现，导致游客吸引力降低，甚至无法吸引游客，从而导致近期游客逐步减少和营业收入锐减；更为严重的是，这种影响还会波及潜在游客的旅游消费意愿，从而无法提振远期营业收入，甚至导致未来营业收入持续走低和下降。

第三，倘若要改变这种颓势，势必要投入大量财务资源，包括实物资产和大量资金，对文化遗产进行修复或寻找替代品。凡此种种，严重后果是文旅企业的生产经营活动将部分甚至全部严重偏离正常轨道，最终导致企业收入降低和各种费用不断攀升，利润和营业活动现金流量锐减，极端情况下还会使企业陷于破产境地。聚焦到财务管理活动来看，文旅企业的后续投资活动、筹资活动、日常运营和利润分配活动都会被波及，企业对外、对内的财务关系极有可能不断恶化。其他地缘因素（地理位置、地形地貌、气候条件、自然资源、交通条件和地缘政治）对"一带一路"文旅企业财务活动影响路径同上，在此仅展示分析结果，主要内容见表2-2。

表2-2　地缘因素对文旅企业战略、经营和财务的影响路径

地缘因素	风险通道	战略风险	对经营活动的影响	对财务活动的影响
地理位置、地形地貌、气候条件、自然资源、交通条件、地域文化（含文化遗产）和地缘政治风险等因素单独或组合通过一定的通道对文旅企业战略、经营和财务产生影响	市场准入和商业合作	直接影响企业的市场准入和商业合作（运营风险和商誉风险）	失去销售市场，重新寻找培养新市场	营业收入和利润锐减，营业活动现金流量锐减，等等
	贸易关系和进出口限制	导致贸易摩擦和关税增加（运营风险和竞争风险）	影响进出口业务，销售困难，增加跨国贸易的成本和不确定性	营业收入和利润降低，成本控制和成本管理压力加大，等等
	投资和融资环境	政府加强对企业的投资审查，或限制企业的融资渠道（竞争风险和商誉风险）	影响企业的扩张和发展、投资机会和规模、技术创新和人才引进	影响营运和发展资金、资金成本和回报率、资本结构，等等

地缘因素	风险通道	战略风险	对经营活动的影响	对财务活动的影响
地理位置、地形地貌、气候条件、自然资源、交通条件、地域文化（含文化遗产）和地缘政治风险等因素单独或组合通过一定的通道对文旅企业战略、经营和财务产生影响	货币汇率波动	影响企业的财务状况和整体经营战略（资产损伤风险和商誉风险）	增加企业与国外合作伙伴的交易成本和风险，调整经营策略困难	造成财务损失，导致企业市场估值下降，等等
	资源供应链和生产链	导致资源供应链和生产链的中断或扰乱（运营风险和商誉风险）	影响企业的生产和运营	营业收入、利润、营业活动现金流量锐减，营运活动受阻，等等
	风险管理	国际贸易政策动荡变化、资金流动受限等（运营风险、资产损伤风险、竞争风险和商誉风险）	风险管理机制失效，调整或重构	原有财务模型、风控模型失效，等等

二、地缘因素—资本市场—财务活动

地缘因素不仅可以通过"地缘因素—企业战略—经营活动—财务活动"路径影响文旅企业的财务活动，而且可以通过"地缘因素—资本市场—财务活动"路径影响文旅企业的财务活动。这里，我们重点分析地理位置因素、自然资源因素和地缘政治风险因素对资本市场的影响，进而分析其对文旅企业财务活动的影响。

通常，地理位置能够对资本市场产生影响。首先，优越的地理位置不仅意味着市场前景看好，而且预示着资本市场风险更低，因而更能吸引投资者关注和投资。其次，地理位置通过影响贸易和实体投资活动间接影响资本市场。纵观古今中外，沿海国家往往利用海洋水运优势推动国际贸易发展，进而吸引外资进入，不仅促进了本国经济发展，而且繁荣了国内资本市场。改革开放以来我国设立的经济特区和沿海开放城市，逐步发展成为国际或地区物流中心和贸易中心，极大地促进了外资进入，对我国资本市场的发展起到了巨大的推动作用。

地缘政治因素对全球资本市场的影响不仅十分显著，而且呈现如下特点：第一，地缘政治不稳定会对全球主要资本市场产生明显的短期冲击，引发剧烈的股市震荡。受地缘政治因素影响严重程度不同，股市波动幅度呈现一定的差异，欧洲股市震荡明显强于北美股市。幸运的是，中国股市受地缘政治风险影响相对较小，股市所受影响也较小。第二，地缘政治不稳定还会对全球经济产生长期负面影响，不仅会影响经济增长速度，而且会拉长经济波动周期，从而对实体经济运行和资本市场产生深远影响。第三，地缘政治不稳定还会改变全球产业链和价值链，改变全球资本流向，大量资金流向美国等较为安全的发达资本市场。另外，地缘政治不稳定还会导致通胀加剧、利率升高和汇率波动，等等。

交通条件的改善对资本市场有多重影响。比如，优越便利的交通基础设施会大大促进实体经济发展，促进贸易迅猛发展，从而促进国家之间、地区之间经济联系的加深和资本流动加剧，最终会大大推进全球和区域资本市场一体化进程。再如，交通条件的好坏与交通行业的发展状况密切相关，改善交通条件意味着要大力发展交通行业，必然带动大量资本流入，从而引起市场资源的重新配置，进而触发资本市场定价机制作出响应和调整。

综上所述，各个地缘因素的出现或发生变化或多或少都会对资本市场产生影响，并且这种影响表现出非均衡性。因为资本市场是文旅企业赖以生存的重要外部环境，也是企业融资的重要来源和投资的重要场所，所以地缘因素对资本市场的冲击势必会影响到文旅企业的财务活动。地缘因素通过资本市场影响文旅企业财务活动主要体现在以下几个方面：一是影响文旅企业的融资，具体会影响其股票和企业债券发行的成败和融资规模；二是影响市场风险和文旅企业的融资成本；三是影响证券的市场定价以及文旅企业的投融资决策模型和决策活动；四是影响文旅企业的资本预算和资本成本，因而会对这些企业的分配活动产生影响；五是影响资本市场资金的供给与需求，从而会改变或加剧市场竞争，大大增加文旅企业财务活动和财务关系处理工作的难度。

三、地缘因素—财务活动

地缘因素还可能会直接对企业的财务活动产生影响，而不需要通过任何中介传导。通常，一个国家或地区政治、社会稳定，经济环境优越能显著增强对游客的吸引力，能极大带动旅游基础设施建设和文旅业的蓬勃发展，因而能充分吸引外国文旅投资资金大量涌入。表2-3反映的是旅游业外国直接投资项目资金与当地地缘政治风险指数的相关性：地缘政治风险指数较低的国家，往往吸引更多旅游业外国直接投资。

表2-3　2018—2022年旅游业外国直接投资项目TOP10国家
（2022年12月指数）

旅游目的地国家	旅游业外国直接投资占GDP百分比	地缘政治风险指数
美国	0.077761	2.554
英国	0.521376	1.035
中国	0.043889	0.874
德国	0.326613	0.521
法国	0.344964	0.484
日本	0.134752	0.248
西班牙	1.000828	0.143
阿联酋	2.248521	0.100
墨西哥	0.717066	0.087
葡萄牙	2.300674	0.025

资料来源：https://www.matteoiacoviello.com/gpr.htm。

第三章

文旅企业参与共建"一带一路"方式及其财务活动特征

文旅企业通常采取投资、联营、共建等方式参与"一带一路"，而且民营企业与央企常常协同参与。为了有效应对地缘因素的影响，一切财务对策的提出应当且必须基于文旅企业财务活动特征分析，做到有的放矢。（1）从筹资角度来看，文旅企业严重依赖银行借款，筹资结构不完善，筹资渠道较为单一，筹资成本较高。（2）从投资角度看，上市文旅企业投资方向多元化，对经营性资产投资比例较高，投资项目与科技创新融合发展，以及重视向海外市场投资。（3）从营运角度看，上市文旅企业经营活动综合性强，经营活动现金流量净额与筹资活动现金流量净额相比较小，跨行业经营活动毛利率差异大，等等。（4）从分配角度看，文旅上市企业股利支付率较低，股利战略较为稳定。中小文旅企业在投资、营运和分配方面与上市文旅企业都有较大不同。

第一节　文旅企业参与"一带一路"方式概述

十余年共建表明,"一带一路"倡议的提出为文旅业的发展增添了新的发展动力,开辟了新的增长空间。但是,中国企业在共建"一带一路"国家拓展旅游和文化业务过程中,不得不面对两种实际情况:一是国内外文旅业不是完全处在同一发展阶段,发展水平存在差异;二是国内外迥异的文化背景和法律环境。这就意味着,国内的文旅产品和服务可能不适合或者能够满足各国的市场需求,从而对"走出去"的文旅企业产品开发、供给和运营模式等方面提出新的挑战。因此,我们必须考虑创新文旅业态和运营模式,以适应新的市场环境。经过一段时间的探索和总结,全域旅游、智慧旅游和特色旅游三种新经营模式应运而生。全域旅游模式意味着,中国与共建"一带一路"国家的合作不再是单一文旅部门对外合作,而是跨国家、跨地区的全域合作;不单是文旅企业之间的合作,而且是文旅企业与当地居民共建共享合作;不单是景点景区之间的合作,而且是全文旅行业的合作。在智慧旅游新经营模式下,将科技(如云计算、物联网和人工智能等)与文旅活动深度融合,使消费者获得更为丰富的文旅信息,提升文旅业的服务质量和品位;在特色旅游的新模式下,着力促进文旅业与其他业态的融合,推出"文旅+"的模式,推动文旅市场细分,突出文旅产业链的专业化和多元化元素。综合运用上述经营模式,不仅有利于文旅企业提供能够更快、更好地适应共建"一带一路"国家旅游市场的文旅产品和服务,而且能够极大地促进文旅理念、业态和运营模式等方面的革新,为文旅业的发展提供更为持久和更大的动力。

在共建"一带一路"过程中,要十分重视民营企业与央企的协同参与问题。中央企业和民营企业在参与的规模、意愿和方式上都有一定程度的差异,民营企业主要担心的是风险问题。比如在规模较大、投资额度较大且地缘因素复杂和地缘政治风险高的项目上，财务风险水平往往居高不下，一般参与合作的中国企业是中央企业。因为央企责无旁贷，除了企业自身的经营，它们还肩负着维护国家外交形象和承载推行国家战略的重大责任。同时，与民营企业投资目的不同，中央企业对外投资更多地体现出国家战略的引领性，在共建"一带一路"国家投资，资金供给充足，具有更强的承担财务风险的能力。随着中央企业与共建国家合作的推进和逐渐深入，民营企业走出国门的条件越来越成熟。所以，在共建"一带一路"过程中，中央企业应当率先承担起自己的责任，发挥积极示范作用，进而引领民营企业紧随其后，更多地参与其中。值得注意的是，无论是中央企业，还是民营企业，在共建"一带一路"过程中应当以其核心业务与共建国家当地企业进行深度合作。一方面，这种合作方式可以在一定程度上降低财务风险水平；另一方面，这种合作方式可以提高企业核心业务在国际市场上的竞争力，为企业在国外持续发展壮大创造有利条件。

总之，文旅企业在参与"一带一路"的过程中应当从战略、运营模式和风险管理等多个角度进行综合考虑，深入实际开展调查研究，文旅项目投资切忌盲目跟风，确立并保持自身在海外文旅市场上的核心竞争力。同时，政策主管部门要力促民企与央企协同参与共建"一带一路"。

第二节 文旅企业筹资活动特征分析

新中国旅游业的大发展起始于 1978 年中国的改革开放。四十余年以来，随着中国综合国力的日益强盛，旅游行业焕发勃勃生机。在经济全球化大背景下，在经济双循环发展格局中，我国旅游业持续快速发展并全面融入国家战略，已经成为国民经济战略性支柱产业，旅游行业服务体系日趋完善，从较为单一的为游客提供游览服务，发展至涵盖游客出行、游览、购物、住宿、餐饮、娱乐以及旅游辅助服务等众多服务类型的庞大旅游产业链。根据文化和旅游部的统计数据，截至 2023 年底，我国旅行社数已持续增长至 56275 家。

图 3-1 概括地反映了 2011 年以来我国旅游收入变化趋势。特别需要指出的是，2020—2022 年受新冠疫情影响，旅游收入锐减，2023 年迅速回升。

近年来，我国文化产业持续高速发展，规模逐步扩大，产业结构不断优化，文化产业的创新能力显著加强。从具体数据上看，全国文化及相关产业增加值从 2004 年的 3440 亿元增加到 2022 年的 53782 亿元，增长了 14.6 倍，年均增长 16.5%。文化产业增加值占 GDP 的比重也由 2004 年的 2.13% 提高到 2022 年的 4.46%。2023 年文化及相关产业营业收入达到 12.95 万亿元。图 3-2 直观地反映了 2014 年以来我国文化及相关产业营业收入变化趋势。这一连串喜人的成绩充分表明文化产业在我国国民经济中的地位逐渐提升，成为转变经济增长方式和推动经济高质量发展的重要力量。文化产业内部结构也在不断优化。文化服务业成为推动文化产业发展的主体力量，文化新业态快速发展。文化骨干企业数量持续增加，实力不断增强，市场竞争力强劲。随着文化与科技的深度融合，文化产业在内容创作、传播手段、商业模式等方面都实现了创新。

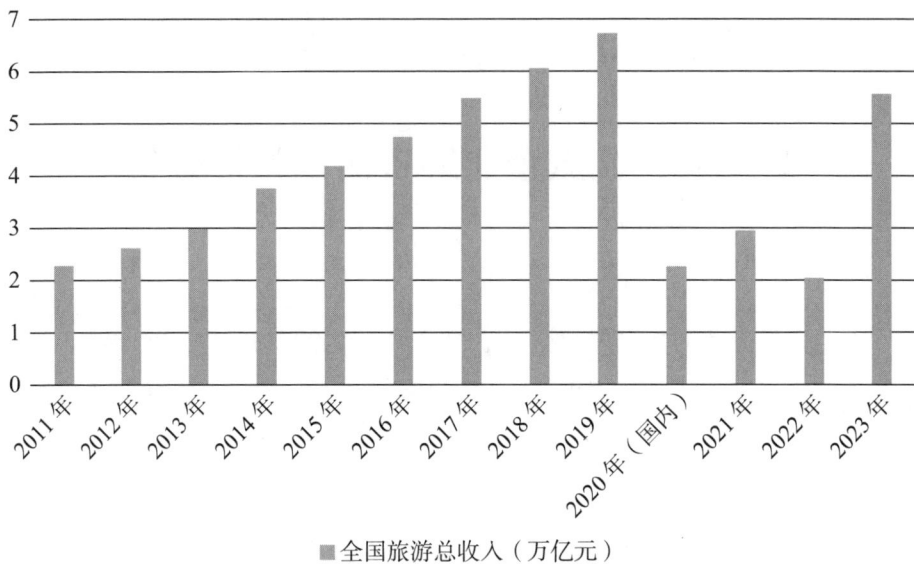

图 3-1 2011—2023 年全国旅游总收入

资料来源：文化和旅游部官网，各年的《中国旅游统计年鉴》。

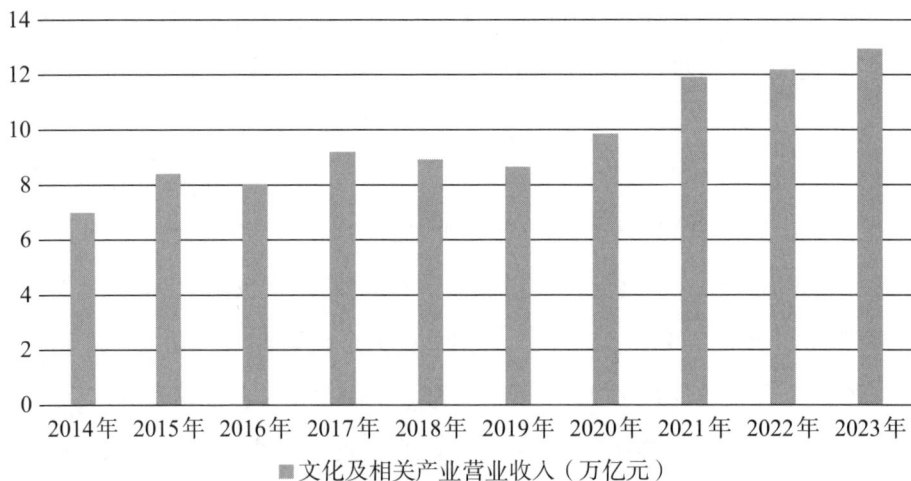

图 3-2 2014—2023 年文化及相关产业营业收入

资料来源：国家统计局，2011—2013 年只有行业增加值数据，故不列入。

　　我国文化业和旅游业的快速增长受益于我国经济强劲增长。"一带一路"倡议向世界贡献了中国方案，承载了中国古代丝路精神和与各国友好交往的美好愿景。文化业和旅游业在"一带一路"倡议中扮演着重要的角色。"一带一路"倡议给中国文旅行业的大发展提供了新的发展机遇，但同时带来了新的挑战。从创造机遇的角度来讲，"一带一路"汇聚了世界上大批优质的旅游资源，分布着 80% 的世界文化遗产，涉及众多人口，因而它也被视为世界上极具活力和发展潜力的黄金旅游之路。"一带一路"倡议为我国国内文旅企业开辟新的市场空间、走向国际化发展道路提供了前所未有的机遇，在国内文旅企业"走出去"的同时，也可以带动更多的国际投资进入中国，为中国文旅业及相关产业注入新的活力。总而言之，"一带一路"成为我国文旅产业和世界文旅经济触发新一轮发展的着力点。

我国的文旅企业数量众多，以旅游业为例，国内旅游人次和收入在近年来都维持较高的增长速度。相比较而言，我国的国际旅游收入的增速远远低于国内旅游收入的增速，这是当前我国旅游业面临的瓶颈。一个很重要的原因是，我国的旅游企业偏好分割国内庞大的旅游市场，鲜有旅游企业愿意走出国门并力争在国际旅游市场上占有一席之地。与此同时，国际上一些知名的旅游企业进入中国市场，在一定程度上抢占了我国国内的旅游市场份额。

鉴于此，对于国内的文旅企业而言，依托"一带一路"合作平台"走出去"，发展更为全面完整和现代化的文旅综合服务体系极为重要。从文旅企业面临的挑战角度看，"走出去"的文旅企业受到地缘因素的影响较大，尤其是那些恐怖主义盛行、暴乱战争频繁的国家，以及气候状态与我国显著不同的热带国家，这些都对游客和工作人员人身安全形成了很大的挑战。文旅企业属于典型的服务性行业，较易与顾客、供应商等合作者发生纠纷冲突。除此以外，"走出去"的文旅企业对目的地国家或地区的法律文化环境都较为陌生，一旦发生矛盾或纠纷，极易处于劣势地位，使自身的企业形象乃至国家形象受损。为防患于未然，相关机构或部门必须尽早建立和完善法律援助平台，以便能够及时为文旅企业和相关人员提供必要的帮助和支持。文旅企业的主要产品就是文旅服务，所以文旅企业在致力于扩大自己的市场份额和拓展业务的同时要始终致力于提高顾客体验水平、完善服务机制，进而提高企业的核心竞争力。

从财务视角来看，"走出去"的文旅企业必然面对与国内迥异的文化生活环境、法律制度系统以及顾客诉求，必须支付更高的成本去开展相关的调研工作并据以拿出切实可行的应对方案。进一步分析不难发现，在错综复杂的国际环境和地缘因素作用下，受行业特性所限，文旅企业可做融资抵押资产较少，我国"走出去"的文旅企业必然会面临巨大财务风险，主要体现在资本结构、融资策略以及资金周转等方面，具体分析如下：第一，资本结构方面。文旅企业在营运过程中可能产生较多的成本费用，因而可能导致负债比例较高，甚至出现高杠杆现象，最终致使其偏离最优资本结构，甚至资本结构失调，导致面临较高财务风险。第二，融资方面。文旅企业，尤其是中小型的文旅企业目前的筹资渠道主要依赖于银行贷款，筹资渠道较为单一，偿还长短期债务的回旋余地不大，导致其在面对高财务风险时偿债能力骤降。第三，资金周转方面。文旅企业经常面临与合约方之间的信用风险，债权方无法按时回收资金，从而影响企业资金的流动性，导致资金周转率降低，进而引发资金缺口扩张风险。为使文旅企业更好地抓住机遇，提高风险应对能力，必须根据文旅企业资本结构特点，充分把握其财务活动特征，有针对性地制定一套切实可行的企业财务决策系统。

就文旅企业的财务活动过程来看，筹资是企业资金运动的起点，而主板上市的文旅类上市公司与大部分中小型文旅企业在筹资谈判能力和融资渠道等方面都有很大差异，下面将分别加以讨论。

一、文旅类上市公司筹资活动特征

从中国文旅类上市公司年度业绩情况来看，2017 年华侨城以 423.41 亿元的营业收入位居榜首，远高于排名第二和第三的中国国旅和携程。从主板上市华侨城、国旅和中青旅 ① 等文旅企业筹资活动来看，其筹资方式均以银行借款为主。首先分析华侨城筹资活动产生的现金流量，详细资料见表 3-1。

表 3-1 华侨城筹资活动产生的现金流量

项　　目	本期发生额（元）	上期发生额（元）
吸收投资收到的现金	1,156,526,857.15	299,800,000.00
其中：子公司吸收少数股东投资收到的现金	1,156,526,857.15	150,800,000.00
取得借款收到的现金	60,279,948,237.67	44,875,665,675.04
发行债券收到的现金	9,467,773,076.93	
收到其他与筹资活动有关的现金	88,491,732.84	
筹资活动现金流入小计	70,992,739,904.59	45,175,465,675.04
偿还债务支付的现金	39,377,527,585.01	21,917,390,847.52
分配股利、利润或偿付利息支付的现金	1,896,601,266.26	2,097,163,947.57
其中：子公司支付给少数股东的股利、利润	45,000,000.00	33,089,310.00
支付其他与筹资活动有关的现金	69,230,368.25	66,588,679.58
筹资活动现金流出小计	41,343,359,219.52	24,081,143,474.67
筹资活动产生的现金流量净额	29,649,380,685.07	21,094,322,200.37

数据来源：华侨城 2018 年半年度报告。

作为中国文旅业的龙头企业，华侨城筹资能力较强。但我们可以发现，尽管华侨城有着较强的筹资能力，但是整体筹资方式有些单一化，尤其是银行借款占比过高。债务资金有确定的到期日，过高债务比例的直接后果是债务期限一到，偿还债务本金和利息的压力陡然增大。过高债务比例的另一个重要后果是很可能导致资金结构不合理，造成企业综合资金成本居高不下，还会导致企业错失较好的投资机会。与其他行业的企业相比，文旅企业的融

① 考虑到 2020 年新冠疫情这一突发事件的影响以及数据的可获得性和可比性，且 2018 年"一带一路"倡议已提出 5 年时间并逐步成熟，分析时采用 2018 年数据。此外，华侨城、国旅和中青旅均为共建"一带一路"中文旅业的领头企业，故认为其在分析中较具代表性。

资渠道相对单一，且筹资能力较差，遇到紧急支付压力时回旋余地很小，债务本息偿还压力可能成为"压死骆驼的最后一根稻草"，导致一些旅游企业陷入财务困境，甚至破产。华侨城采取的是综合经营模式，除从事文旅业以外，还进军房地产和通信电子行业。跨行业经营不仅在一定程度上增强了华侨城的综合实力，而且提高了其筹资能力。但是，华侨城当时的整体经营布局优势无法完全抵消其失衡的筹资结构带来的弊端。像华侨城这样的筹资结构在国旅联合和中青旅也普遍存在，甚至更加严重。

鉴于负债融资到期必须偿还本息的特性，借款企业不得不维持较高的流动资产水平，同时必须时刻关注负债的期限结构，以便在债务到期前做好还债预案。除筹资因素以外，旅游企业的财务风险还与"投资利润率—借入资金利息率"的相关性密切相关，因为企业的投资利润率可能高于也可能低于借入资金的利息率。若企业的投资利润率小于借入资金的利息率，企业的盈利能力被削弱，将会遭受亏损，极端情况下还会导致企业破产。此外，在向银行申请大量贷款以支持企业营运和投资活动时，企业的贷款门槛可能随之被拉高，比如支付更高的利息率、必须提供抵押物，等等，这也会提高企业的财务风险水平。

表 3-2　华侨城、国旅联合、中青旅筹资能力指标

	华侨城	国旅联合	中青旅
流动比率	1.91	2.02	1.20
速动比率	0.54	1.84	1.04
资产负债率	0.73	0.27	0.44
利息保障倍数	3.62	0.46	18.76

数据来源：华侨城、国旅联合、中青旅 2018 年年度报告。

从表 3-2 展示出的华侨城、国旅联合、中青旅筹资能力指标可以发现，国旅联合和中青旅因为银行借款的比例较高，其速动比率维持在较高水平，其目的是使企业具备较强抵御财务风险的能力。但是，国旅联合的利息保障

倍数较低,这可能会影响企业的长期偿债能力。相比之下,中青旅虽然在三家上市公司中银行借款比例最高,但是其利息保障倍数高达 18.76,所以中青旅的偿债能力较强。当然,中青旅的这种财务安排也有其弊端,即:维持较高的速动比率和利息保障倍数意味着企业不得不放弃一些较好的投资机会,进而可能会影响企业的长期发展。

表 3-3 华侨城、国旅联合、中青旅资产结构

	华侨城	国旅联合	中青旅
流动资产 / 总资产	80.04%	52.10%	45.50%
固定资产 / 总资产	5.42%	3.42%	21.27%

数据来源:华侨城、国旅联合、中青旅 2018 年年度报告。

从表 3-3 展示出的华侨城、国旅联合、中青旅资产结构来看,文旅企业固定资产占比较小,而流动资产占比较大。但是文旅资源具有稀缺性和垄断性,深度开发并加以利用的空间较大。近年来,受益于"一带一路"倡议以及国家政策的大力支持和正确引导,文化旅游产业开始迅速发展并进军国际市场。针对文旅行业的融资约束,文化和旅游部大力推进金融扶持文旅产业工作,不断完善文旅产业中的金融体制机制,促进投融资方式的多元化,助力中国文旅企业"走出去"。在不断优化的政策和金融环境下,除银行借款以外,文旅企业还应当搭政策"顺风车",继续充分吸收国家、法人和个人投资,这样做不仅可以扩大企业规模,而且能节约筹资成本。但是,目前文旅企业的筹资方式整体上较为单一,必须在政策允许的情况下充分利用多种筹资方式,如优先股融资、债券融资、发行普通股融资等,多元的筹资方式不仅可以解决文旅企业用资难的问题,也可以起到分散企业筹资风险的作用。对于主板上市的文旅企业来说,自有资金的成本要远远低于外部资金的成本,因此企业应积极合理地调整利润留存比例、资产结构等,以使自有资金得到充分利用,尽量减少对银行借款的依赖,将与融资相关的财务风险降到最低。

二、中小型文旅企业筹资活动特征

相比华侨城等上市企业，中小型文旅企业资金结构更加不合理，筹资更加困难，这些财务问题严重制约了它们的发展。与上市公司相比，中小型文旅企业在筹资方面先天不足，原因主要有四个：第一，它们面临筹资渠道狭窄的问题。中小型文旅企业不能通过发行债券和股票拓宽融资渠道。即便在向银行申请贷款时，银行极有可能出于风险控制考虑限制向其发放贷款的数额和期限。这些不利因素直接限制了中小型文旅企业开展正常的投资活动和运营活动。第二，它们普遍面临由产权属性带来的经营约束问题。比如，国资背景文旅企业负债经营时不能以持有资产抵押方式进行债务担保，从而极大地限制其负债经营。其他中小型文旅企业受经营规模限制，可担保固定资产较少，也在一定程度上影响了其向银行贷款。第三，它们面临经营周期长带来的吸收直接投资障碍问题。许多文旅项目，特别是旅游投资项目，具有投资周期长的特点，加上受文化等因素的影响，导致其项目投资风险等级大幅上升。第四，中小型文旅企业面临项目用地困难问题。在缺少国家专项政策支持的情况下，很多投资者望而却步。以上种种因素严重制约了中小型文旅企业开展正常的筹资活动，在一定程度上阻碍了这些企业发展壮大。

三、文旅企业解决筹资问题的一般对策

文旅企业解决筹资问题一般要从分析筹资动机入手。文旅企业筹资动机大致包括设立企业、扩大市场份额以及调整企业资产结构等，筹集到的资金主要用于投资项目和营运活动等，因此其筹资战略应当和企业的投资与营运相匹配。鉴于此，文旅企业的筹资行为应当遵从规模适当、筹措及时、来源合理和方式经济等原则。

为了破解筹资难题，各类文旅企业应当积极采取措施拓展筹资渠道。对

综合经营类文旅上市企业而言，其可以利用跨行业优势通过项目融资筹集到更多的资金。项目融资是以项目的名义筹措一年期以上的资金，以项目营运收入承担债务偿还责任的融资形式。其中，PPP 融资可以较好地缓解企业的融资压力并为企业提供更多投资机会的选择空间，BOT 融资也是项目融资的典型模式，其实质是将国家的基础产业项目建设和经营管理民营化。PPP 融资和 BOT 融资模式下项目风险由政府和私人企业共同承担，大大降低了由文旅行业固有属性所带来的投资项目的高风险。政府和私人企业相互配合，取长补短，使风险得到一定控制和分散，直接降低了投资人对项目风险的担忧程度，从而使文旅企业的筹资结构更加合理。

对于中小型文旅企业来说，解决融资难问题应当从以下几个方面着手：第一，要积极响应并充分利用国家的扶持政策。国家对文旅产业的资金支持政策是多方面的，旨在提升文旅产业的基础设施和服务水平，推动文旅产业的健康发展和创新升级。国家多措并举地创新文旅投融资平台，在这样一系列的政策支持下，部门之间的沟通协作更加通畅，政银企合作平台更加完善，改善了中小型文旅企业的融资环境，使中小型文旅企业可以筹集到更多资金，实现自身发展，同时降低企业的筹资成本，也使企业的融资环境更加安全便捷。

第二，中小型文旅企业应当积极改善自身的信用等级、营商环境等。中小型文旅企业较难获得银行借款与其经营不规范、财务制度不健全，以及管理水平落后等相关，这些因素也是造成企业信用评级差的主要根源。同时，一般中小型文旅企业高附加值抵押财产匮乏，造成其难以达到银行抵押贷款的基本要求。除此之外，近年来文旅行业人才流失率较高，这不仅是造成中小型文旅企业员工队伍素质下降的重要原因，而且对企业借款融资造成不利影响。上述因素的综合作用使中小型文旅企业负债融资难上加难。为扭转融资的不利局面，中小型文旅企业应当主动作为，科学施策，建立健全透明可信的财务制度，提高企业管理水平，主动吸纳文旅业人才，通过多方面努力提高自身的信用等级，增强通过银行负债融资的竞争力。与此同时，中小型文旅企业必须时刻注意对投资项目风险的监控。现实经济活动中，一些中小型文旅企业管理层风险意识淡薄，财务能力不强，在面对风险变动系数较大、投资周期较长的投资项目时，缺乏对资金链断裂乃至财务危机的敏感性，从而无法对这些风险进行预判、应对与化解。

第三，中小型文旅企业也应当吸取主板上市文旅企业的筹资教训，避免企业陷入不合理的融资结构，从而使企业增加财务风险。具体做法主要是积极拓宽融资渠道，加快融资方式创新。拓宽融资渠道是指，企业从银行贷款融资、民间资本融资、政府和社会资本合作等维度入手，根据自身情况和市场环境选择适合自身的方式。比如通过天使资本、风投和私募基金以及地区旅游发展种子基金等拓宽融资渠道。融资方式创新是指，企业运用新的融资工具或设计新的融资模式，以更灵活、高效和低成本的方式获得所需资金，比如选择合作型融资联盟、融资租赁、资产证券化和银保联合模式等。

总的来说，文旅企业规模差异较大，筹资结构不够成熟，仍然面临筹资渠道较为单一、筹资成本较高等问题。科学合理地解决文旅企业筹资难的问题需要政府、金融机构和企业三者的共同努力，合力为文旅上市企业和广大中小型文旅企业创造出一个多元、有效、便捷、安全和适用的筹资环境。

第三节　文旅企业投资活动特征分析

　　本书所说的投资是指文旅企业为了未来获得收益或实现资金增值，在一定时间内向一定领域或项目投放足够数额的资金或实物等的经济行为。投资活动在文旅企业的财务活动中占据重要地位，较为成功的投资活动（顺畅且投资收益超过资金成本时）可以使企业占有的资产创造更高的价值，从而使企业得到发展壮大。科学的投资战略和策略是企业实现可持续发展的关键，文旅企业应当根据特定的投资目的进行科学规划，慎重而恰当地选择投资标的、投资渠道和投资方式。文旅企业的投资活动主要分为两类：一类是直接投资，也就是通过购建固定资产、无形资产和其他长期资产等进行投资，为扩大再生产奠定基础；另一类是间接投资，主要是通过对外购买股权、债券和其他金融资产等进行投资，目的是获得投资收益。

　　一般认为，科学的投资规划要重点关注以下三点。

　　第一，企业开展的一切投资活动都要与其投资战略和发展战略相匹配。比如，企业拟继续扩大再生产，或者进行产品结构调整，或者实施产品多样化战略，就要投资购建固定资产、无形资产和其他长期资产等经营性资产。同时，企业管理层切忌盲目扩大经营性资产规模，必须持续注意资产结构的有机整合性，并确保其与公司发展战略相适应。当企业短期内有较为充裕的现金存量并希望通过短期投资实现价值增值时，可以通过交易性金融资产项目进行短期投资；当企业进行盈利模式调整转而更多依靠对外投资，或者实施多元化投资战略，或者利用其不用（或账面上没有价值）的非货币性资产对外投资时，企业可以通过长期股权投资项目进行长期投资。在项目投资过程中，企业要制定可行的项目投资方案，并估计投资方案的相关现金流量，依据各投资项目的评价方法衡量投资项目的风险与收益以作出正确的投资决策。

总之，企业必须紧盯发展战略，保持短期投资、项目投资与公司战略相适应，唯有如此企业才能够获得长足、持续的发展动力。企业还应当适时进行资产结构调整，使企业的经营性资产和投资性资产结构分别得到优化，并使两者之间相互配合、相互适应，确保企业步入良性发展的正确轨道。

第二，企业在进行投资项目的评价时，应当对项目分类处理，按照投资项目之间的相互关系将其分为独立项目和互斥项目。对于独立项目，主要使用贴现现金流量法（含净现值法、现值指数法和内含报酬率法），也会用到回收期法和会计报酬率法等，并将其作为项目投资辅助评价方法。对于互斥项目的对比优选问题，一般使用净现值法和内含报酬率法。当这两种方法得出的结论相悖时，应当优先采用净现值法。虽然在投资项目评价中人们很推崇传统贴现现金流量法，但是必须重视这种方法的局限性，不能过度依赖。在项目投资评价实践中，特别是评价投资项目可行与否时，应注意将其与现代投资评价方法（比如实物期权法等）结合运用。

第三，企业在选定投资项目以后，应当综合计算投资项目的预期效益。按照现代投资理念，投资收益不是一元的（企业或项目财务效益），而是多元的。多元投资收益包括财务效益（微观经济效益）、国民经济效益（宏观经济效益）和社会效益。其中财务效益是从投资者的角度出发，对比投资项目的投入和产出，并将其计入经营利润；国民经济效益是指投资项目对国民经济有效增长和结构优化的贡献程度；社会效益是指占用了社会资源的投资项目的建设和运行对环境、生态、民生等各方面的综合影响。按照现代投资理念，好的投资项目不仅要实现财务效益最大化，还应当产生正面的溢出效应，实现国民经济效益和社会效益的最大化、最优化。

在具体分析文旅企业投资活动特征时，我们将沿用上文分析文旅企业筹资活动特征时的文旅企业分类，即分别对主板上市的文旅企业和中小型文旅企业的投资活动特征加以分析，主要原因是主板上市的文旅企业和大量中小型文旅企业规模差异巨大，二者在所处投资环境、投资方向、投资背景和投资战略等方面均有较大差异。

特别需要指出的是，文旅企业投资方向是其产品结构形成和变化的决定因素之一，是文旅企业发展、盈利的重要动力源泉，同时是提高其影响力、增强其核心竞争力的关键。

一、主板上市的文旅企业投资活动特征分析

（一）投资方向多元化，与多产业高度融合

因为主板上市的文旅企业同时具有跨行业经营、多业态混合经营和企业规模较大的特征，所以其投资额往往很大。这种投资安排主要是基于如下两点原因：一是可以充分分散投资项目的行业风险，尽量"不把鸡蛋放在同一个篮子里"；二是分享纵向一体化红利，企业能够控制原材料的采购和产品的销售，从而降低交易成本，尽量分享价值链各端的利润。仍然以华侨城、国旅联合和中青旅三家主板上市的文旅企业为例，华侨城的经营版图包括文化产业、旅游产业、新型城镇化、金融投资和电子行业；国旅联合以体育产业为核心，形成文娱、体育和大健康产业的分散投资布局，并在体育特色小镇、体育旅游大数据、运动健康主题公园和中农批项目合作等领域进一步延伸拓展并深耕，驱动发展大健康产业业态；中青旅的业务范围则包括旅行社业务、景区业务、多板块整合营销业务以及策略性投资业务，其策略性投资业务以IT硬件代理和系统集成业务、云贵川三省福利彩票技术服务业务及中青旅大厦租赁业务为主。概括地说，上述三家主板上市文旅企业将投资分散化几乎做到了极致，广泛涉及横向投资和纵向投资相关产业和行业。横向投资是指企业对与其核心业务相近的行业或项目进行投资，或者对其市场上的竞争对手进行收购兼以获得规模效益的行为。通过横向投资，文旅企业提高了市场占有率，提高了产品竞争力和企业的实力；对竞争对手的兼并可以使主并企

业在市场上形成规模经济，从而获得规模经济效益；横向投资还使企业的产品更加多元、更有竞争力，有能力吸纳更多的优秀人才，进而使主并企业取得高质量发展的动力。纵向投资是指企业对其上游或下游的产业领域进行投资，从而润滑企业的资源供应和产品流向，增强了企业对上游和下游企业的控制力度，主并企业因而可以节约大量的交易成本以获得更多的利润空间。以华侨城为例，其通过"旅游＋互联网＋金融"模式，广泛连接市场要素和资本要素；引入民间资本，放大华侨城以国有资本为主体的功能；通过下属的华侨城资本投资管理公司统筹发展金融业务，为新型城镇化战略提供有力的资本支持。通过创新投资方式，华侨城多快好省地筹措到充足资金以支持投资项目，不仅取得了良好的财务效益，而且产生了巨大的溢出效应，取得可观的国民经济效益和社会效益。

（二）对经营性资产的投资比例较高，资产结构属于经营主导型

从行业属性来看，文旅业属于现代服务业，其资产结构主要表现为经营主导型。文旅企业持有经营性资产的比例很高，而投资性资产居于次要地位。从会计科目来看，文旅企业资产主要集中在货币资金、应收账款、其他应收款、存货、固定资产等项目上，表 3-4 列示了华侨城、国旅联合和中青旅的大部分资产配置情况。

表 3-4　华侨城、国旅联合、中青旅资产结构

资产项目	华侨城	国旅联合	中青旅
货币资金	17.09%	12.97%	5.60%
应收账款	0.20%	14.17%	16.43%
其他应收款	3.59%	19.73%	1.77%
存货	48.68%	1.94%	15.50%
固定资产	5.42%	3.42%	21.27%
总计	74.98%	52.23%	60.57%

数据来源：华侨城、国旅联合、中青旅 2018 年半年度报告。

由表 3-4 可以看出，主板上市的文旅企业经营性资产所占比例较高，均超过了 50%，甚至达到近 75%。这样的资产结构决定了经营性资产是企业利润的主要来源。我国主板上市文旅企业的投资性资产占比较小，而且主要集中在可供出售金融资产、长期股权投资、投资性房地产等科目。文旅企业在经营性资产上大量配置资金主要优势在两个方面：一方面可以应对较高的融资风险；另一方面可以通过经营性资产提高企业核心业务能力和产品质量，使企业获得更大的发展空间。

（三）投资项目与科技创新融合发展

科技创新浪潮对各行各业的影响越来越深刻，文旅企业尤其是主板上市的文旅企业纷纷借助科技创新平台向传统文旅产品和服务中注入科技元素。个性化、智能化的文旅项目正在逐渐颠覆人们对传统文旅业枯燥、千篇一律的刻板印象，高新技术和现代文旅业的深度融合有效地延长和增容文旅产业链、价值链。比如，华侨城的智慧旅游服务平台（简称"智云慧眼"）涵盖智慧景区、智慧酒店、智慧社区和智慧城区，着力构建大用户、大数据、大营销和大金融体系，以实现信息流、资金流和用户流的融合统一。客观地说，科技创新与旅游业的深度融合不仅响应了国家走科技创新之路的政策号召，而且正在成为文旅业可持续发展的动力源泉。但是，对文旅企业来说，融入科技创新的项目通常投资金额较大、周期较长、投资回收期也较长，这些因素无疑会加大项目建设和运营的风险。因此，在投资建设此类旅游项目时，文旅企业一定要更加理性，不能盲目跟风，要对投资项目进行充分、合理和稳健的评价和论证。鉴于文旅项目以顾客舒适、满意为服务宗旨，所以在对项目进行投资论证的过程中，文旅企业要格外注意新环境和市场行情不断变化下的产品维护和升级，动态、适时地更新项目风险和收益评价结果，力求使投资项目的风险始终处于可控范围，力求实现投资项目财务效益、国民经济效益和社会效益最大化。

（四）将投资目光逐渐转向海外市场

当前，文旅企业正成为国际经济和社会交往的桥梁，也逐渐成为传播中国文化、缔结中国与世界各国友好关系纽带的先锋。我国文旅企业面临着新的发展机遇，纷纷走出国门。这样既可以在一定程度上规避国内日趋激烈的行业竞争，也可以开拓国际文旅市场，寻找新的发展机遇。文旅上市公司不仅可以通过强大的行业影响力从海外资本市场筹集到更多的资金以支持国内经营和发展，而且可以将其商业版图拓展到海外，实现公司全球战略布局和不断拓展经营渠道。从投资角度来看，在对海外项目进行投资时，文旅企业必然面对与国内完全不同的文化传统、法律环境和人文环境等环境因素，投资项目的风险系数要远远大于国内。因此，文旅企业在进行海外投资时，必须在投资前深入了解当地环境，包括人文环境、经济环境和法律环境等，努力实现旅游产品和服务本地化，力求最大限度地规避投资风险。具体做法可以分为两类：一是文旅企业降低收益预期和风险偏好，尽量选择相对稳健的投资策略；二是与当地的文旅企业进行深度合作。

二、中小型文旅企业投资活动特征分析

相比较而言，中小型文旅企业的规模以及抵御风险能力处于明显劣势，它们投资活动的动机、规模、方向和方式选择等都与文旅类上市公司大不相同。

从投资动机角度来看，尽管文旅上市企业与中小型文旅企业都追求公司价值最大化，但是由于文旅上市企业在政策法规遵从方面更加自律，对履行社会责任自我要求更高，所以在投资过程中它们除追求公司价值（财务效益）最大化以外，还必须更加注重社会效益和生态效益。尽管我国已经出台一系列政策法规对文旅企业的投资行为进行规范与约束，但中小型文旅企业的投资动机更多聚焦于财务效益最大化，导致它们大多仍然将投资利润最

大化作为其投资决策的第一标准，所以它们对这些法律法规的遵从不尽如人意。

从投资规模角度来看，上市文旅企业均具有较强的投资实力，它们的投资质量往往较高，成效也更加显著。中小型文旅企业则受限于较小的企业规模和投资实力，它们的资金实力不足以支撑起规模较大的投资项目。目前，中小型文旅企业投资现状是文旅产品和服务普遍缺乏特色和科技含量，模仿大型文旅企业的文旅产品及旅游服务线路往往痕迹非常明显，导致其难以打造属于自己的独特品牌。

从投资方向角度来看，文旅上市企业通常具备丰富的战略资源和独到精准的战略眼光，更可能发现有潜力的投资方向，同时它们充分利用综合资源优势进行跨行业融合发展，从而形成多元化的投资和经营系统。中小型旅游企业则不具备文旅上市企业的这些天然优势和有利条件，它们严重缺乏高水平文旅人才，无法发现和把握有潜力的投资机会，在投资方向的选择上通常只能盲目跟风龙头文旅企业。

从投资方式角度来看，因为文旅上市公司具备高质量发展潜力和品牌效应，所以它们更容易寻求与同样优质的合作伙伴就投资项目开展合作的机会，可以较为容易地扩大项目投资规模、分散项目的投资风险，因而它们更容易走上持续高质量发展的正确轨道。中小型文旅企业则严重缺乏资源优势，投资方式较为单一，一般只能被迫独立承担项目投资风险，在投资项目的选择上也缺少规范化指导，因而它们只能一再失去承担高质量投资项目的机会。针对中小型文旅企业在投资活动中存在的上述问题和困境，国家出台了一系列政策对中小型旅游企业项目投资进行规范和引导，广大中小型文旅企业应当搭政策"顺风车"适时规范投资项目流程和提升投资项目质量。此外，中小型文旅企业应当根据企业自身情况和发展需求，科学合理地制定企业发展战略和投资策略，凝练企业的发展方向，尽早采用适合自身特点的经营模式。比如，中小型文旅企业必须从根本上克服盲目跟风投资问题，在确定投资方向之前必须首先明确文旅产品和服务在目标市场中的定位，使产品品种和特色清晰化，应当注重衍生产品与服务的开发和推广，打造属于企业自身的难以被竞争对手复制的特色产品和服务，乃至形成属于自己的独特品牌。同时，在对投资项目立项过程中，还应当努力降低投资项目的风险水平，推动企业走上持续高质量发展的轨道。

第四节　文旅企业营运活动特征分析

一般地，会计把企业的现金流量分为经营活动产生的现金流量、投资活动产生的现金流量和筹资活动产生的现金流量三大部分。经营活动（这里也称营运活动）是企业财务活动的重要组成部分，它指企业投资活动和筹资活动以外的所有交易和事项，其范围较为广泛，就工商企业来说，经营活动主要包括销售商品产品、提供劳务、购买商品、接受劳务、经营性租赁、广告宣传、推销产品和缴纳税款，等等。现金流量表中与经营活动相关的项目主要分为经营活动现金流入量和经营活动现金流出量。经营活动现金流入量主要包括：销售商品产品、提供劳务收到的现金；收到的税费返还；收到的其他与经营活动有关的现金。经营活动现金流出量主要包括：购买商品、接受劳务支付的现金；支付给职工以及为职工支付的现金；支付的各项税费；支付的其他与经营活动有关的现金。要想实现一个企业良性可持续发展，将其经营活动产生的现金流量维持在适当的水平至关重要。企业经营活动现金流量既可以用于维持企业的正常运转，还可以用于补偿经营性长期资产折旧与摊销，以及支付利息和现金股利。企业的经营活动、投资活动和筹资活动都会产生现金流入量和流出量，但是各种财务活动产生的现金流有不同的机制和作用。比如，虽然投资收益也会产生现金流量，但是由投资收益产生的现金流量远不如经营活动产生的现金流量稳定。此外，筹资活动及其产生的现金流量除了要处于适当的水平，还应当适应企业经营活动和投资活动的需要，在整体上反映企业的融资状况与效率。形象地说，企业融资活动产生现金流量如同外界给企业"输血"，而经营活动产生现金流量如同企业自己"造血"，企业应当减少对筹资活动产生现金流量的依赖，尽可能通过提高产品竞争力达到提高经营活动产生现金流量的能力。

对于以经营为主的企业来说，其现金流量主要来自经营活动和筹资活动，大多数文旅企业正是经营主导型企业。鉴于文旅上市企业和中小型企业在经营活动范围、经营活动综合度、经营活动影响范围和影响力度等方面均存在较大差异，我们在此仍然把文旅企业分为上市文旅企业和中小型文旅企业，并分别讨论其营运活动特征。

一、上市文旅企业营运活动特征

（一）经营活动覆盖面较为广泛，综合性较强

文旅业是现代服务业的重要组成部分，传统文旅业经营活动通常以为顾客提供文化和旅游服务为主要业务，但是随着为不同的文化和旅游人群提供多种个性化服务以及拓宽企业利润来源的发展战略的转变，文旅业逐渐向外扩散，慢慢地向与文旅产品和服务相关的各行各业渗透，比如房地产业、电子通信业和体育业，等等。为加强与各行各业的联系与合作，规模较大的文旅上市企业通常会对相关行业实施纵向和横向并购，进而形成大型综合性企业集团，这种企业集团通常会向文旅产品和服务的消费者提供吃、住、穿、行、购、游和娱乐休闲等各个方面一体化配套服务。综合性文旅企业集团的优势主要表现在两个方面：一是比单一经营节约大量交易成本，二是避免了与其他行业企业沟通、合作过程中由于服务质量参差不齐引发的有损企业口碑现象的发生。下面以文旅业上市公司华侨城、国旅联合和中青旅为例进行进一步分析。

表 3-5　华侨城主营业务分布情况（分行业）

行业名称	本年发生数		上年发生数	
	营业收入（元）	营业成本（元）	营业收入（元）	营业成本（元）
旅游综合收入	4,674,846,874.41	2,921,161,773.17	6,431,444,488.44	4,153,138,496.32
房地产收入	9,896,708,437.67	3,294,975,717.77	7,117,502,420.97	2,813,664,608.01

续表

行业名称	本年发生数		上年发生数	
	营业收入（元）	营业成本（元）	营业收入（元）	营业成本（元）
纸包装收入	252,597,527.94	217,093,360.32	381,063,769.50	326,864,864.16
小计	14,824,152,840.02	6,433,230,851.26	13,930,010,678.91	7,293,667,968.49
减：内部抵销数	162,958,596.12	82,784,126.01	182,091,803.28	202,355,054.74
合计	14,661,194,243.90	6,350,446,725.25	13,747,918,875.63	7,091,312,913.75

数据来源：华侨城 2018 年半年度报告。

表 3-6　国旅联合公司利润构成或利润来源发生重大变动的详细说明

项　　目	本期发生额	
	收入（元）	成本（元）
主营业务小计	143,076,087.49	115,207,149.02
旅游饮食服务	6,135,443.90	4,659,513.36
产品及商品销售	628,377.36	363,769.15
文体项目服务	1,728,475.77	5,123,285.22
广告营销	134,583,790.46	105,060,581.29

数据来源：国旅联合 2018 年半年度报告。

表 3-7　中青旅公司利润构成或利润来源发生重大变动的详细说明

分行业	营业收入（元）	营业成本（元）	毛利率（%）	营业收入比上年增减（%）	营业成本比上年增减（%）	毛利率比上年增减（%）
旅游产品服务	1,844,551,004.08	1,692,508,347.18	8.24	11.69	11.90	-0.17
整合营销服务	1,089,074,605.84	929,714,735.83	14.63	22.92	21.28	1.16
酒店业	223,108,034.71	39,950,456.82	82.09	13.02	18.01	-0.76
景区经营	786,790,887.27	133,532,921.82	83.03	6.81	10.34	-0.54
IT 产品销售与技术服务	1,530,759,921.14	1,367,696,618.46	10.65	28.62	35.46	-4.51
房地产销售	46,281,497.16	28,719,874.86	37.95	-2.36	-17.54	11.42
房屋租金	46,408,218.26	13,248,780.18	71.45	-8.63	-13.86	1.73

数据来源：中青旅 2018 年半年度报告。

从表3-5、表3-6和表3-7我们可以发现，与制造业、建筑业等其他传统行业相比，上市文旅企业主营业务的行业跨度较大，反映了文旅业与其他相关行业的密切联系和深度融合。文旅企业的这种跨行业融合式经营有利有弊。

有利的一面在于，这种模式扩大了文旅企业的经营范围与辐射面，使企业的服务链延长、拓宽，为更好地打造品牌和展现优秀企业文化创造更加有利的条件，也能为文旅产品和服务消费者提供更全面、更好的体验，同时能够及时分享其他相关行业业务发展新动向，从而给文旅业创造新的契机。

不利的一面在于，如果文旅企业不能准确地预计行业发展趋势，无法准确定位未来长远发展方向，也无法制定适当的战略或保持应有的战略定力，盲目、贸然地进入毗邻行业，极有可能导致企业风险大幅增加，甚至使企业陷入财务危机。上市文旅公司面临是否实施扩展战略抉择时，应当充分进行风险评估并慎重操作跨行业兼并收购，确保企业稳步发展。

（二）经营活动现金流量净额与筹资活动现金流量净额相比较小

一般情况下，达到预期设计生产能力以后，企业的现金流量都不应当过度依赖筹资活动，因为企业的生产发展主要依靠其"造血"功能而不是靠"输血"。

文旅类上市企业也不例外，只有稳定甚至不断增长的经营活动现金净流入才能使企业保持和获得持续稳定发展的动力。但是，在现实经营环境中，受行业因素所限，文旅类上市企业要想做到经营活动现金流量持续稳定增长并不容易。文旅经营项目的特点是经营周期长，而且具有明显的季节性，因而其收入波动大，导致其经营活动现金流量不稳定并且具有一定的周期性。下面以华侨城、国旅联合和中青旅为例详细研究其经营活动现金流量净额和筹资活动现金流量净额的比对关系。

表 3-8　华侨城、国旅联合、中青旅经营活动与筹资活动现金流量对比

单位：元

现金流量分类	华侨城	国旅联合	中青旅
经营活动现金流量净额	−7,700,131,348.3	−16,907,591.83	−785,807,095.37
筹资活动现金流量净额	29,326,003,884.90	−36,327,316.07	1,011,872,062.90
筹资活动现金流量净额 − 经营活动现金流量净额	37,026,135,233.2	−19,419,724.24	1,797,679,158.3

数据来源：华侨城、国旅联合、中青旅 2017 年年度报告。

　　由表 3-8 可以发现，三家上市文旅企业的经营活动现金流量净额均为负数，华侨城和中青旅的经营活动现金流量净额都远远低于其筹资活动现金流量净额。其中，国旅联合 2017 年年度报告合并现金流量表显示其筹资活动净额之所以为负数，主要原因是该公司 2017 年投资活动产生了较多现金流出，以及偿还债务流出较多现金。进一步追溯该公司 2016 年年度报告合并现金流量表，仍然显示较大的筹资活动现金流量净额，同时经营活动现金流量净额仍为负数。通过查阅华侨城、国旅联合和中青旅近六年年度报告合并现金流量表，发现大部分年份三家公司的经营活动现金流量净额均小于筹资活动现金流量净额且多为负数，同时不同年份经营活动现金流量净额呈现出较大的波动性。这些数据充分说明这三家上市文旅企业并不能通过经营活动获得稳定的现金流量，而是过度依赖筹资活动现金流量。究其原因，这几家公司同属文旅行业，其经营周期较长，经营活动项目季节性也较强，并受市场环境因素影响较大，这些因素严重制约公司获取稳定的经营活动现金流量。企业长期过度依赖筹资活动获取现金流量不仅需要支付较高的融资成本，而且不利于企业的可持续发展。所以，进入成长期的上市文旅企业应当更加重视营运活动，积极开发有竞争力的文旅产品和服务，形成核心竞争力，通过增加营业收入来增加经营现金流入。同时，积极开拓融资渠道筹资弥补企业营运和投资资金的不足。通过改善和优化企业现金流量结构促进企业持续高质量发展。

（三）经营活动项目文化、旅游高度融合

文旅融合大致经历两个阶段：第一阶段是将文化元素融入旅游项目，从而这些旅游项目具有了较强的文化属性，这种经营方法不仅可以使我国的优秀传统文化得到较好的弘扬和传播，而且有助于人们加深对我国优秀传统文化的理解；第二阶段是文旅高度融合，将原先文化业和旅游业业务在经营理念、活动开展、文旅产品和服务的创意以及政策推广等方面进行系统化设计，使二者融为一体，不可分割。

文旅高度融合不仅能让旅游变得更加有温度和内涵，而且能让文化变得更加有感染力，起到繁荣文化和发展旅游相互促进、相得益彰的效果。文旅融合的优势主要体现在增加和丰富文旅产品和服务供给、推动文化创意产业升级、促进文化传承与创新、增进文化认知与认同，以及推进文化交流与传播等方面。

（四）文旅企业涉跨行业经营活动的毛利率差距较大

文旅业隶属于现代服务业，其核心业务之一是整合各行业资源为顾客提供高质量服务。相对于其他行业而言，当前我国现代服务业附加值偏低，导致其经营毛利率也偏低。下面以三家文旅企业华侨城、国旅联合和中青旅为例进行分析。

表 3-9　华侨城各业务领域经营活动毛利率对比

分行业	本年发生额		上年发生额	
	营业收入（元）	营业成本（元）	营业收入（元）	营业成本（元）
旅游综合	18 530 299 335.82	10 688 468 452.27	16 006 055 998.97	9 490 067 215.48
房地产	23 359 146 857.42	10 454 537 595.08	18 944 392 034.84	6 936 383 541.34
纸包装	770 350 788.02	668 395 932.84	739 368 940.13	682 968 868.23

数据来源：华侨城 2017 年年度报告。

根据表 3-9 计算得出：2017 年华侨城的旅游综合收入毛利率为 42.32%；

房地产收入毛利率为55.24%；纸包装收入毛利率为13.23%。根据表3-10可知：2017年国旅联合的旅游餐饮服务收入毛利率为66.79%；互联网广告收入毛利率为28.54%；工商业收入毛利率为4.75%。

表3-10　国旅联合各业务领域经营活动毛利率对比

分行业	营业收入（元）	营业成本（元）	毛利率（%）	毛利率比上年增减
互联网广告	221 476 030.49	158 271 507.49	28.54	+28.54
旅游饮食服务业	46 018 025.77	15 281 464.34	66.79	−1.49
工商业	2 486 288.85	2 368 084.01	4.75	+9.19

数据来源：国旅联合2017年年度报告。

由表3-11可知：2017年中青旅的旅游产品服务收入毛利率为7.91%；综合营业服务收入毛利率为17.13%；酒店业收入毛利率为80.64%；景区经营收入毛利率82.34%；IT产品与服务收入毛利率13.28%；房地产销售收入毛利率25.96%；房屋租金收入毛利率80.19%；其他业务收入毛利率100%。

表3-11　中青旅各业务领域经营活动毛利率对比

分行业	营业收入（元）	营业成本（元）	毛利率（%）	比上年增减
旅游产品服务	3 776 122 425.82	3 477 388 697.05	7.91	+0.33
综合营业服务	2 061 622 724.97	1 708 474 129.54	17.13	+1.14
酒店业	432 224 315.56	83 684 646.31	80.64	−2.39
景区经营	1 595 858 235.13	281 904 726.91	82.34	+1.44
IT产品与服务	3 006 472 120.75	2 607 139 016.10	13.28	−0.99
房地产销售	50 650 578.20	37 501 344.68	25.96	−74.04
房屋租金	96 130 708.65	19 039 538.50	80.19	+14.69
其他	471 698.11	0	100.00	0

数据来源：中青旅2017年年度报告。

综上所述，一般文旅企业均偏好跨业经营且行业跨度较大，各行业业务毛利率差异也较大。所以，对于跨越多个相关行业开展经营活动的上市文旅企业应当充分利用毛利率较高的主营业务，同时兼顾开发衍生文旅产品业务。虽然旅游产品业务的毛利率较低，但是旅游产品服务却是每个文旅企业经营活动的重中之重，可以通过技术和服务创新开发新产品和新服务，打造特色品牌；在坚持企业长期发展战略的前提下，平衡毛利率低的业务和毛利率高的业务，使之共同为企业高质量持续发展提供强有力支撑。

二、中小型文旅企业营运活动特征

因为中小型文旅企业的资金实力有限，且知名度不高，它们的经营活动特征与上市文旅企业显著不同，主要表现在经营活动范围、经营活动综合度、经营活动影响范围和力度等诸多方面。

从经营活动范围角度分析，上市文旅企业普遍跨行业经营，它们的经营业务遍布通信业、房地产业和体育业等诸多行业，而中小型文旅企业通常经营活动范围较为狭窄，它们的主营业务都是围绕旅游产品的设计、宣传和经营展开，较少涉及其他行业。前文述及，旅游产品服务的毛利率最低，这也是国内众多旅行社发展受限的重要原因之一。

从经营活动综合度视角分析，国内众多的中小型文旅企业在旅游产品经营方面尚且缺乏经验，大多创新严重不足，更不可能在资金匮乏和品牌效应缺失的情况下开展综合性高的跨行业经营活动。自身经营业务单一、市场竞争力不足以及旅游产品的快速更新迭代，使得中小型文旅企业时常陷入经营困难，面临严重的生存危机，突出表现在经营风险和财务风险双双居高不下。一旦核心产品和服务被市场淘汰，许多企业将纷纷陷入破产困境。另外，中小型文旅企业在提供文旅产品和服务时通常依赖上下游企业分工协作，合作链条中的某一个环节受阻或断裂都会对该企业造成较为严重的影响，比如业务中断、遭到投诉、名誉受损，等等。

从经营活动影响范围和力度角度来看，因为中小型文旅企业面临严重的融资约束，其经营活动规模一般都不大，所以这些企业经营活动辐射和影响的范围也较小。同时，中小型文旅企业开展经营活动的影响力度也较小，难以在市场上树立起标杆企业的地位，更无法成为行业龙头企业。而上市文旅企业则不然，它们的经营活动往往能够影响整个文旅产业链和价值链，甚至影响行业产业发展方向和趋势。

　　为扭转上述种种不利局面，中小型文旅企业必须在充分利用好国家政策的前提下充分发挥自身的优势，同时竭力规避自身的劣势。中小型文旅企业要在发挥优势方面多做文章，必须专注于主营业务，努力锻造好核心产品和服务，千方百计打造属于自己的品牌并对其进行宣传和推广；统筹好企业管理、人才管理和技术创新，尽力把企业做小做精，待时机成熟再逐步扩大市场份额，乃至向做大做强转型。

第五节　文旅企业分配活动特征分析

企业分配活动分析是指分析企业的净利润在企业与投资者之间以及在企业内部各项资金之间分配的动因、程序及结果。通过分析企业的分配活动可以判断企业的分配活动策略与企业的发展阶段是否相适应，为后续有针对性地进行调整和优化提供决策支持信息。按照相关政策和财务制度，企业利润分配的一般顺序是：（1）弥补亏损；（2）税收滞纳金及罚款；（3）提取法定盈余公积金；（4）提取职工奖励及福利；（5）提取储备基金及企业发展基金；（6）利润归还投资；（7）向优先股股东支付股利；（8）计提任意盈余公积金；（9）向普通股股东支付股利，等等。其中（4）（5）（6）适用于外资企业的利润分配。通常上市文旅企业的分配活动更为复杂，其分配政策会直接影响企业发展，而中小型文旅企业多为个人独资或合伙企业，其分配过程较为简单，分配政策与方式灵活性较大。

上市文旅企业开展财务分配活动需要考虑许多因素，分配政策选择受诸多条件约束，主要包括：投资机会、信号传递、会计政策变更、前期损益调整、资产的流动性、盈利能力和契约条款，等等。从企业发展战略考虑，在具体分配政策选择时，还必须充分考虑企业的发展阶段，做到股利政策选择与企业发展阶段（生命周期）相适应。一般企业发展阶段分为初创期、成长期、成熟期和衰退期四个阶段，不同的发展阶段对应着不同的发展目标，股利政策选择绝不能与之相悖。利润分配活动中常见的做法是，企业在初创期和成长期一般会采用低股利或股票股利政策，在成熟期一般会采用高现金股利政策，而在衰退期，企业一般会进行股票回购。学术研究表明，市场有效时企业的股利政策具有信号传递效应，收益稳定的企业股利支付率一般较高，而收益不稳定的企业股利支付率偏低。目前，公认的股利政策理论主要包括传统股利政策理论（一鸟在手理论、MM 股利无关论和税差理论）、现代股利政策理论（信号传递理论和代理成本理论）与行为股利政策理论（股利迎合理论）[①]。这些研究成果为企业利润分配提供了理论支持，并得到了广泛应用。

一、上市文旅企业分配活动特征

以华侨城、国旅联合和中青旅为例，分析上市文旅企业的分配活动特征。

（一）股利支付率较低，留存收益比例较高

股利支付率是反映企业股利分配政策和股利支付能力的指标，能在很大程度上反映文旅企业的分配活动特征。

$$股利支付率 = \left(\frac{现金股利总额}{归属于普通股股东的净利润} \right) *100\%$$

股利支利率 + 留存收益率 =1

表 3-12 列示了华侨城、国旅联合和中青旅 2015—2017 年的股利支付率：

表 3-12　华侨城、国旅联合、中青旅 2015—2017 年股利支付率对比

股利支付率	华侨城	国旅联合	中青旅
2015 年	12.38%	0	24.53%
2016 年	11.91%	0	14.97%
2017 年	28.48%	0	12.66%

数据来源：华侨城、国旅联合、中青旅 2015—2017 年年度报告。

---

① 注：一鸟在手理论：投资者倾向于获得当期的而非未来的收入，即当期的现金股利。MM 股利无关论：在一个无税收的完美市场上，股利政策和公司股价是无关的，公司的股价不会受到股利政策的影响。税差理论：该理论认为资本利得所得税与现金所得税之间是存在差异的，理性的投资者更倾向于通过推迟获得资本收益而延迟缴纳所得税。信号传递理论：该理论认为管理当局与企业外部投资者之间存在信息不对称，股利是管理者向外界传递其掌握的内部信息的一种手段。当公司支付的股利水平上升时，公司的股价会上升；当公司支付的股利水平下降时，公司的股价也会下降。代理成本理论：现金股利会对降低代理成本作出贡献。股利迎合理论：当股利溢价为正时，上市公司股利支付的意愿提高；反之，如果股利溢价出现负值，上市公司股利支付的意愿降低。

根据表 3–12 可知：华侨城、国旅联合和中青旅的股利支付率均较低，相比之下，三家企业的留存收益率（股利支付率 + 留存收益率 =100%）均较高，均在 70% 以上。其中，国旅联合的情况尤其特殊，在 2015—2017 年的股利支付率均为 0，而留存收益率为 100.00%，原因是国旅联合在 2015—2017 年的期末可供分配利润均为负数，因而其在 2015—2017 年并未宣告发放现金股利。而华侨城和中青旅进行的企业利润分配活动除提取法定盈余公积外，即为向股东支付普通股股利，而法定盈余公积归属于企业的留存收益。

根据《中华人民共和国公司法》、公司章程的规定，本公司按净利润的 10% 提取法定盈余公积，法定盈余公积累计额达到本公司注册资本 50% 以上的，不再提取。样本期中青旅采取的是固定股利政策，这种股利政策的优点是有利于树立公司良好的形象、有利于投资者安排股利收入和支出以及有利于向市场传递企业正常发展的信息，从而有助于稳定股票价格。但是固定股利政策也有缺点，这种股利政策对企业的盈利水平有着较高的要求，即使在企业盈利水平不甚理想的情况下依然需要支付一定水平的股利，这有可能会导致公司出现支付困难，还有可能破坏资金结构，甚至使企业陷入财务危机。

（二）股利战略较为稳定

表 3–12 表明，上市文旅企业一般采用低股利支付率政策，并且这一股利政策在一定的时间截面内也较为稳定。由于股利政策的信号传递作用，股利政策的持续性在一定程度上表明了企业盈利水平稳定，从而向市场传递出公司运营情况良好的信号，还能够稳定投资者对企业发展的信心，客观上起到稳定股价的作用。对上市文旅企业来说，稳定的股利政策还会吸引潜在投资者的注意，从而有利于营造一个相对安全的筹资环境，避免企业后续融资面临较高的筹资成本，也使企业远离财务困境。所以，文旅企业普遍采用的这种股利政策客观上有利于这些企业长期、健康发展。此外，还有些上市文旅企业采取低正常股利加额外股利政策，这种股利政策对企业和投资者来说可能更加有利。一方面，这种股利政策赋予了企业更大的灵活性，当公司盈

余较少或投资需用较多资金时，可维持设定较低但正常的股利，股东也不会产生股利跌落的感觉；另一方面，当盈余有较大幅度增加时，则可适度增发股利，把经济繁荣的部分利益分配给股东，这样做不仅能增强股东对公司的信心，而且有利于稳定公司的股票价格。总的来看，文旅企业采用的上述两项股利政策对文旅行业发展比较有利，因为稳定的股利政策与社会公众对近年来文旅市场蓬勃发展的印象相匹配，也的确能增强市场和投资者对文旅行业发展的信心。

二、中小型文旅企业分配活动特征

中小型非上市文旅企业不受上市公司相关法律法规的监管和控制，分配活动具有较大的灵活性，利弊得失显而易见：有利的一面是，企业分配活动自主性更强，它们能够更多地从企业发展角度考虑利润分配问题，很容易把公司发展放在第一位，而将给予股东短期回报放在第二位；不利的一面在于，这些企业的分配政策缺乏相对稳定性和持续性，有可能导致部分合伙人或投资人对公司的未来走向缺乏信心，导致代理成本骤然增高，从而不利于企业的长期稳定发展。

调查研究发现，中小型文旅企业利润分配政策确实与上市文旅企业不同，多采取低分红股利政策。主要有如下五个原因：第一，中小型文旅企业，特别是中小型旅行社，盈利水平较低，分红的利润空间较小；第二，这些企业大多是合伙制，它们的合伙人更注重把企业做大做强，少数甚至有未来上市的考虑，它们偏好将较多的利润留存以用于未来发展；第三，在经营条件方面，中小型文旅企业客观上存在较为严重的外部融资约束，难以便利自如地开展融资活动；第四，中小型文旅企业不同于上市企业，它们大多是民营企业或者家族式企业，企业的所有权与经营权合一，大股东往往是自然人，没有必要制定规范、系统的股利分配政策以迎合投资者需求；第五，中小型文旅企业的管理较为简单，其财务管理制度的制定和执行没有严格的规范性和严谨性，管理者不需要过多考虑内部其他小股东的利益和意愿，所以股利分配政策稳定性和持续性并不在这些企业管理者的工作规划和日程以内。

站在现代财务理论和实践角度，上述中小型文旅企业利润分配现状对企业长远发展弊大于利，应当引起重视并加以改进。主要有两点一般性建议：一是中小型文旅企业的管理者应当重视并逐渐建立健全财务制度，规范企业财务活动，把分配决策的主观性和随意性降到最低；二是应当基于企业所处行业发展周期和企业发展阶段制定长期可持续稳定的股利分配政策，稳定投资者对企业的信心，促进企业的可持续发展、高质量发展。

"一带一路"地缘因素
对文旅企业财务活动
的影响及其后果

地缘因素以一定的内在逻辑路径对文旅财务活动产生影响，从时间角度看，这种影响在文旅企业财务活动前、中、后阶段始终存在。筹资方面，将按照地域划分进行详细描述，从筹资环境、方案设计和筹资活动监控等方面分析影响后果；投资方面，重点分析地缘因素对文旅企业投资战略的影响，并从投资成本、投资风险、区位分布、文旅安全以及投资者权益保障等角度论述影响后果；营运方面，重点分析地缘因素对文旅企业营运活动的影响因子，从营运活动成本、效率、风险、成长性、业绩评价体系、运营安全性等维度分析影响后果；分配方面，重点分析地缘因素对文旅企业利润分配活动的影响因子，从激励、企业偿债能力、企业可持续增长等方面分析影响后果。

　　

第一节 地缘因素对文旅企业筹资的影响及其后果

一、地缘因素对文旅企业筹资的影响机制和路径分析

资金是企业建立和发展的重要基础，任何企业都会开展筹资活动。就企业资金运动过程而言，筹资活动是企业资金运动的起点。投资者是与企业筹资活动紧密联系的利益相关者之一，也是权益资金的重要供给方，投资者是否具有强烈的投资意向直接影响到企业是否能够及时、足额地筹集到所需资金。投资者是否愿意向项目（企业）投资取决于其对目标项目（企业）的多方面综合考虑与利弊权衡，包括投资者对投资项目（企业）的风险评估、外部环境分析、投资者的风险偏好、投资者的目标收益以及投资者与企业管理层的私人关系，等等。因此，企业筹资活动的开展与资金供给方、行业特征、企业性质、企业信用等级、项目风险等息息相关，必须进行全面分析和系统筹划。

当今时代，人们对于文旅产业观念的转变为其顺利开展筹资活动提供了极为有利的契机。文旅新业态的出现一方面能更好地满足大众更加多样化、个性化的需求，另一方面弊端也日益显现，比如风险水平不断上升，项目投资中存在大量信息不对称，项目运营中所有权与经营权分离产生严重的代理问题，项目投资规模不断加大加剧融资困难，等等。此外，复杂经营环境下必须维持充足、灵活的现金流对文旅企业提出新的挑战。

文旅业的行业特性和在国民经济建设及发展中独特的战略地位，加上文旅企业面临融资途径较少、融资成本高等难题，使其受到相当多的政策关注

和扶持，其困难局面一度得以缓解。但是，随着经济环境和企业经营状况的变化，其融资难题不久又逐渐凸显，研究者普遍认为出现这种怪圈是文旅行业的特性所致。经验证明，政府提供的政策支持只能在一定程度上缓解文旅企业的融资困境，而不能完全消除困境。随着"一带一路"倡议的提出和实施，文旅业的自身优势使其在"一带一路"建设中具有不可替代的重要战略地位。在新的政治、经济和国际背景下，文旅业的筹资难题已经不仅仅局限于传统意义上融资途径少、融资成本高等问题，外在环境因素为其筹资难题增加了更多变数。其中，地缘因素及其引发的各种风险给企业的经营活动带来不小的影响和冲击。对我国文旅企业来说，积极参与"一带一路"就是支持国家战略，也是其义不容辞的责任。文旅企业"走出去"不仅可以参与国际市场竞争，而且可以担负起加强国际交流和沟通，打破文化壁垒，从而促进世界繁荣和稳定的使命。由此可见，文旅业在"一带一路"建设实践中大有可为，并居于极其重要的战略地位。在国际经济背景下企业筹资环境更加复杂，文旅企业面临的一大筹资风险来源于国家间复杂的地缘因素及其引发的各种风险。因此，分析地缘因素及与之相关的风险对文旅企业筹资活动的影响机制和影响路径对帮助其合理规避风险和降低风险损失大有裨益。

为从企业管理链条的角度研究地缘因素对筹资活动的影响机制，我们可以时间作为分类标准将企业的筹资活动划分为事前、事中和事后三个阶段。在这三个阶段，地缘因素通过不同的影响路径对文旅企业筹资活动产生影响，应当分别对其加以分析。同时，就文旅企业自身的行业特征而言，旅行社等中小型文旅企业承担的中小型投资项目和上市文旅企业开发的投资回收期长、投资规模大的大型投资项目受地缘因素影响与作出的反应也会有所不同。

就地缘政治因素及其相关风险对"一带一路"共建文旅企业筹资活动的具体影响机制而言，主要包括筹资环境分析、筹资方案设计、筹资风险监控、筹资偏差调整、筹资活动评价和筹资方案优化等环节。具体路径参见图4-1。

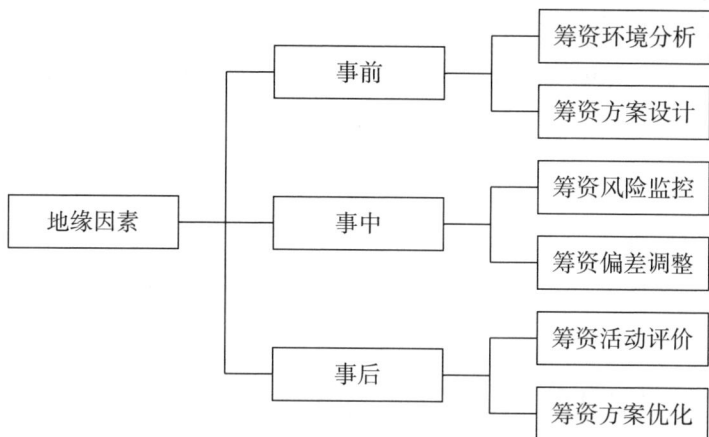

图 4-1 地缘因素及其相关风险对文旅企业筹资活动的影响路径

"一带一路"倡议下形成的世界地缘格局与传统驱动因素下形成的地缘格局有所不同,"一带一路"倡议着眼于世界政治经济秩序的重塑,是世界性、建设性且非排他性的。在"一带一路"框架下,共建国家各自的定位显著不同,从而对地缘因素及其相关风险影响各不相同,同时这些国家的经济发展水平、历史文化状态以及资源分布等也会对地缘因素产生这样或那样的影响。不同地缘板块孕育不同性质、不同水平与不同缘起的地缘因素与风险,而不同的地缘因素与风险类型对文旅企业经营和筹资等活动产生的冲击力度也不相同。这些因素的共同作用决定了地缘因素与风险的复杂性,也增加了人们对其加以识别、评估和管控的难度。

(一)东北亚地区地缘因素对文旅企业筹资的影响分析

从地理位置上来看,东北亚地区与中国北部、东北部地区接壤,地理位置临近的优势为文旅企业在东北亚地区开展跨国经营活动提供了极大便利,同时有利于缩减成本,进而增强文旅产品和服务的价格竞争优势。东北亚国家如日本、韩国等都拥有较丰富的旅游和文化资源,加上地理距离较短带来的产品价格优势使得我国赴日韩等国旅游的人次和消费水平都在逐年攀升。东北亚地区各国交往历史源远流长,文化联系紧密,这些都在一定程度上削弱了文化距离所导致的"门槛效应"。但是，东北亚地区各国政治制度存在较大差异，中国和朝鲜是社会主义国家，蒙古国、韩国、日本和俄罗斯都是资本主义国家，政治制度的巨大差异体现为制度距离，而较大的制度距离也是一种地缘因素，有可能会引发一定的风险，从而影响文旅项目的消费者流量，进而增加项目合作成本和筹资风险。同时，在美国等大国干涉下形成的东北亚各国政治联结淡化在一定条件下也构成重要地缘因素，也有可能成为地缘政治风险隐患。此外，东北亚地区基础设施网络水平参差不齐。在这些因素共同作用下，文旅企业涉外开展筹资活动及其他财务活动困难重重。

上述种种地缘因素单独或综合引起的风险，甚至地缘政治风险，可能会对参与"一带一路"建设的文旅企业的筹资活动造成巨大障碍。理想状态下，企业的筹资活动应当与企业的营运活动和投资活动等统筹安排。在进行筹资活动之前，企业应当根据其生产经营、投资等资金需求对企业筹资需求进行恰当的估测，预防筹资规模安排不当造成不良后果。一般情况下，过于乐观的筹资规模估计可能会导致未来资金捉襟见肘，使企业在项目建成后陷入资金链断裂的财务困境；过于悲观的筹资规模估计可能导致筹资过度，使企业在未来承担较大的筹资成本。因此，文旅企业应当结合自身的长期发展战略规划，权衡东道国文旅市场发展潜力和筹资市场阻力，进而合理规划和细化企业各发展阶段的筹资安排。东京和首尔是东北亚地区国际级金融中心，不仅具备完善的筹资系统、多元的筹资渠道，而且拥有丰富的旅游和文化资源。但是，与同在东北亚地区的俄罗斯、蒙古等国相比，日韩两国与中国的相互合作交流较为薄弱。所以，对我国文旅企业来说，在日韩两国开展经营和财务活动受地缘因素影响的可能性更大。此外，由于历史遗留问题以及域外大国干涉所引起的东北亚地区各国认同危机和信任危机加深，东北亚地区的地缘因素复杂多变，由此引起的相关风险增多，地缘政治风险水平较高。对文旅企业而言，东北亚复杂的地缘因素与经济交往并存是其开展经营活动的重要外部环境，会使其筹资活动面临高度的不确定性或风险：当各国经济相互依存度高于地缘安全紧张度时，企业会从中受益，因而容易以较低成本筹集到所需资金；当该地区地缘安全紧张度高于经济相互依存度，或东道国政府推行贸易保护主义政策以防止外来企业进入时，东道国融资机构可能会通过提高筹资成本形成行业壁垒，此时文旅企业可能会面临筹资困境，或者无法筹集到所需资金，或者筹资成本陡增。筹资困境既可能导致这些企业利润空间被大幅压缩，使这些企业整体或相关项目发生亏损，也有可能导致一些项目终止，甚至导致一些企业陷入破产的境地。

近年来，随着"一带一路"的稳步推进及其影响力的与日俱增，东北亚各国对"一带一路"逐渐形成正面评价并达成共识。在2015年韩国加入亚投行以后，东北亚各国政府间合作磋商不断增加，中俄蒙经济走廊、长吉图开发开放等次区域合作相继提速，为域内国家发展与合作源源不断注入新的动能。这些可喜变化标志着东北亚地区积极的地缘因素不断增长，地缘政治风险降低。对于参与该地区"一带一路"共建的文旅企业而言，这是一个重大利好，其筹资环境将得到极大改善。

（二）东南亚地区地缘因素对文旅企业筹资的影响分析

东南亚地区不仅地理位置临近中国，而且与中华历史和文化背景相似，相互之间历史渊源根深蒂固，同时新加坡、马来西亚、泰国等东南亚国家拥有丰富的旅游和文化资源，早已成为全球范围内炙手可热的旅游目的地，也是我国旅游爱好者的理想去处。对"走出去"的文旅企业而言，东南亚各国理所应当地成为其拓展海外文旅市场的重点地区。但是，面对发展上升期的东南亚文旅市场，文旅企业仍然应当保持谨慎，仍然需要对该地区的财务环境进行深入、细致和全面的分析。文旅企业在该地区开展筹资活动，必须密切关注这里的地缘因素与相关风险的变化，全面分析地缘因素对企业筹资行为的影响。具体内容如下：第一，东南亚地区经济发展离不开中国资金，近年来中国投资对该地区经济持续增长贡献度极大。但是，与此同时东南亚地区长期遭受域外国家或国际组织在政治、经济、文化等方面的渗透和干扰，这可能导致该地区地缘因素复杂化并引发相关风险，乃至地缘政治风险，进而会对"一带一路"建设产生严重影响，当然也会对相关项目的筹资活动产生冲击。第二，东南亚内部一些国家政权不稳，甚至有的国家内部会出现政权更迭、暴动频发，这些不稳定因素的存在为文旅企业在东道国顺利开展项目投资、筹资和其他财务活动埋下风险隐患。第三，除新马泰三国以外，东南亚地区其他国家的营商环境大多欠佳，当地经济发展水平也比较低。对在这些国家开展筹资活动的中国文旅企业而言，无论从投资立项，还是从项目筹资运营等各个角度来看，当地提供的筹资环境和条件并不优越。

（三）中亚地区地缘因素对文旅企业筹资的影响分析

经过 20 多年的发展，中国与中亚国家关系已经成为新型国家关系和区域合作的典范。其中，乌兹别克斯坦和哈萨克斯坦作为中亚地区人口最多和面积最大的国家分别在中亚五国的地缘战略版图上占据着十分突出的地位。历史上，从古代丝绸之路开始，中国与中亚地区的各种交流就十分频繁。现今，"一带一路"为中国和中亚国家提供了更加多元的交流平台、交流动力和交流方式，为新时代中国与中亚国家关系注入了新的活力。

从地缘学的角度看，中亚地区位于欧亚大陆结合部，是东进西出和南下北上的必经之地，被地缘政治学家称为"世界历史的地理枢纽"。由于地理位置特殊，中亚地区历来呈现出安全环境错综复杂、文化宗教多元化等地缘现状。由于"一带一路"建设的持续推进，中国与中亚地区在政策沟通、贸易畅通、设施联通、资金融通和民心相通方面都取得了巨大进步。通过对中亚地区的文旅市场分析可以发现，我国与中亚地区进行文旅合作具有天然优势，比如双方都拥有丰富的文化遗产优势、优越的地理位置优势和源远流长的历史交流优势等。这些优势与中亚地区亟待开发的文旅市场对我国参与"一带一路"建设的文旅企业具有很大的吸引力。通过对中亚地区的筹资环境进行分析可以发现，中亚地区产业体系仍然以农牧业为主，工业和服务业的发展相对滞后。一般情况下，健全的基础设施网络、较高的服务业水平都是旅游业和文化业发展的重要基础条件。我国"走出去"的文旅企业若要开发中亚五国的文旅市场，首先会受到所在国落后的基础设施和尚未健全的资本市场的限制。其次，中国和中亚地区国家之间各个层面的合作仍然存在一些问题。比如，双方金融合作协商难度大、费时长、风险评估困难，这些都严重制约了"走出去"的文旅企业在当地开展正常的筹资活动。再次，尽管中亚各国国家层面上对外宣称积极支持"一带一路"倡议，但是一些国家内部仍然弥漫着不和谐声音，这些"杂音"就像定时炸弹，可能会对我国"走出去"的文旅企业在当地建设的项目或筹资活动造成负面影响。最后，作为苏联的加盟共和国，中亚五国内部都不同程度地存在民族冲突，几十年来国家之间的边界争端等历史遗留问题始终没有得到有效解决。总之，这些不和谐地缘因素导致中亚地区的地缘安全问题较为突出，地缘政治风险居高不下，对当地资本市场和筹资环境造成巨大破坏，甚至使"走出去"的文旅企业在当地建设和经营的旅游和文化项目遭受严重损失。

近几年，在我国和有关各方的共同努力下，中亚地区的基础设施和融资环境得到一定的改善。丝路基金和亚投行为"丝绸之路经济带"建设提供了相对充裕的资金支持，使中国与中亚五国金融合作呈现较快发展势头。同时，双方仍在积极探索更多的金融合作可能性。

（四）中东欧地区地缘因素对文旅企业筹资的影响分析

在中国与中东欧地区合作机制的构建和完善中，双方不断挖掘利益汇合点，逐渐形成独具特色的合作机制。随着双方合作意向的不断达成、合作项目的不断落实，国家间的利益联结更加紧密，参与到合作机制中的企业和其他社会主体不断增多，逐渐形成了政府主导、民间参与的模式，这种合作机制不仅大幅降低了跨国交易的成本，而且降低了交易风险。双方的合作领域覆盖广泛，包括基础设施建设、金融和贸易等多个方面。对"走出去"的文旅企业来说，文旅业在国外的发展需要众多基础行业的支撑，而中国与中东欧地区合作的不断深入为文旅业的发展创造了有利条件。在投融资领域，2012年中国—中东欧国家合作启动专项贷款项目并安排了100亿美元专项贷款，同时中东欧国家各方力量参与共建"一带一路"的积极性都很高。这些政策措施和社会参与都非常有利于"走出去"的文旅企业在东道国开展筹资活动，拓宽筹资渠道，有利于这些文旅企业不断优化筹资方案，从而使其筹资活动与投资活动、营运活动和分配活动更加契合。

中国一方面与中东欧地区合作推进金融经贸，另一方面强基固本，确保金融支撑措施的逐步落实。2017年年底，中国—中东欧银行联合体正式成立，中国—中东欧投资合作基金设立完成，目的是向中东欧市场投放资金。各成员银行在"一带一路"倡议指引下开展项目融资等方面的合作业务，旨在推动多边金融合作体系的建立。

虽然中国与中东欧地区合作机制趋稳，但是由地缘因素引发的风险乃至地缘政治风险等不安定因素仍然存在，对"一带一路"建设形成潜在威胁。主要表现为：第一，中国与中东欧地区的地理距离较远。由此带来的制度距离和文化距离使双方的合作基础不够稳固，双方在多方面问题上存在分歧，而且冷战结束后双方的贸易依存度不高，在这种情况下快速推进项目和其他经贸合作需要承担相当大的风险，具体到项目筹资更是如此。第二，面临来自其他利益相关主体巨大的压力。随着中国和中东欧地区各项合作的深入开展，这些国家不可避免地会受到该地区地缘邻国的干扰，比如来自欧盟和俄罗斯的压力。第三，多边金融合作体系不稳定。在此背景下，"走出去"的文旅企业在充分利用中国与中东欧地区合作形成的融资支撑体系的同时，也要未雨绸缪，密切注意中东欧地缘因素变化。

（五）南亚地区地缘因素对文旅企业筹资的影响分析

南亚地区具有丰富的旅游资源，北回归线横贯南亚地区，该地区同时呈现出寒、温、热三带的自然景观，形成了独具特色又完整原始的自然风貌，这里的旅游特色主要集中在山川、河流、野生动物、海岸和人文等景观上，这些自然和人文景观是中国与南亚地区文旅合作的重要基础。此外,南亚地区国家都是发展中国家,其基础设施网络不够完善,对区域内外的文旅资源开发形成挑战。

南亚区域合作联盟(以下简称"南盟")是中国周边的一个重要地区合作组织。虽然近年来中国与南盟的贸易往来不断加速,但是南盟在中国对外贸易总额中的占比仍然较小,双方经济合作仍然受到诸多因素阻碍。首先,中国与南亚地区的经济发展水平差距较大,处于不同的经济发展阶段。南亚地区已有的融资体系难以为文旅企业提供充足融资,如果这些企业想为南亚地区在建项目筹资,应当充分依托于中国发起的政策性金融机构支持。在南亚地区的地缘战略版图上,印度与南亚一些小国家形成"众星拱月"式的地缘结构,印度作为南盟最具影响力的成员国,它在南盟组织内具有较大的话语权和主导权。同时,中国与印度、印度与美国之间的地缘关系都面临困难。这些势力相互交织、相互碰撞,使得该地区的国家大都对地缘因素和政治风险高度敏感。地缘因素与风险异动很容易引发东道国对进入本地区的外来势力或跨国企业经营活动等产生排斥行为,从而使当地的金融环境和企业的筹资环境迅速恶化。与此同时,南亚地区的政策性金融系统并不完善,与之相配套的民间金融体系风险水平也居高不下。因此,在缺乏对当地金融环境了解和深入调查研究的情况下,参与"一带一路"建设的文旅企业贸然进入这些资金市场开展融资活动,将不得不面对当地系统性金融风险和地缘因素与风险的两面夹击。

(六)西亚北非地区地缘因素对文旅企业筹资的影响分析

西亚北非地区不仅地理位置特殊,而且蕴藏的石油资源极其丰富,这使得该地区自古以来都是西方各国激烈争夺的热点地区。西亚北非地区地缘纷争不断,是全球公认的地缘因素复杂地带和地缘政治敏感、热点地区。从西亚北非地区的文旅资源角度来看,土耳其、阿联酋等国家的旅游、文化资源最为丰富。但是,受地缘位置等因素的影响,西亚北非地区的文旅业发展水平并不高，文旅业没能成为该地区各国的支柱性产业，区域内国家的经济发展主要依靠石油出口。

"一带一路"对西亚北非地区而言是新的历史机遇，能够为该地区相关国家的经济和社会发展提供新的引擎。但是，同时必须清醒地认识到，西亚北非地区复杂多变的地缘因素和安全形势对"一带一路"的持续推进也是一项实实在在的挑战。为缓解或消除国际形势复杂多变、世界经济艰难复苏、西亚北非地区反恐形势严峻等不利地缘因素的影响，中国与西亚北非国家间建立了一系列地区组织和合作机制，这些政策措施对文旅企业及其他相关企业的融资活动和融资风险控制都大有裨益。但是，由于西亚北非地区国家的金融保障系统过于薄弱，即便有政府间的金融合作安排，在当地筹集巨资支撑大型投资项目仍然存在一定的困难。此外，该地区政治、宗教和文化等地缘因素诱发的冲突也会波及当地社会生活和企业经济活动，也会对当地资金市场和企业筹资活动产生间接影响。

二、地缘因素对文旅企业筹资的影响后果分析

企业的经营周转离不开筹资活动的支持，而开展筹资活动尤其是负债筹资必然面临风险。筹资活动风险是指企业因借入资金而产生的丧失偿债能力的可能性和企业利润（股东收益）的可变性。企业外部环境和内部环境的共同影响可能触发企业的筹资活动风险，从而使企业无法如约偿还债务本金和利息，进而使企业陷入财务困境甚至破产。

通常，一个完整的筹资流程包括筹资战略分析、筹资环境分析、筹资方案设计、筹资风险监控、筹资偏差调整、筹资活动评价及筹资方案优化七个部分（如图4-2）。前已提及，"走出去"的文旅企业筹资活动将会受到地缘因素及其相关风险的影响。因此，既要关注地缘因素与风险对筹资活动的整体影响，也要关注其对筹资活动各环节的具体影响。

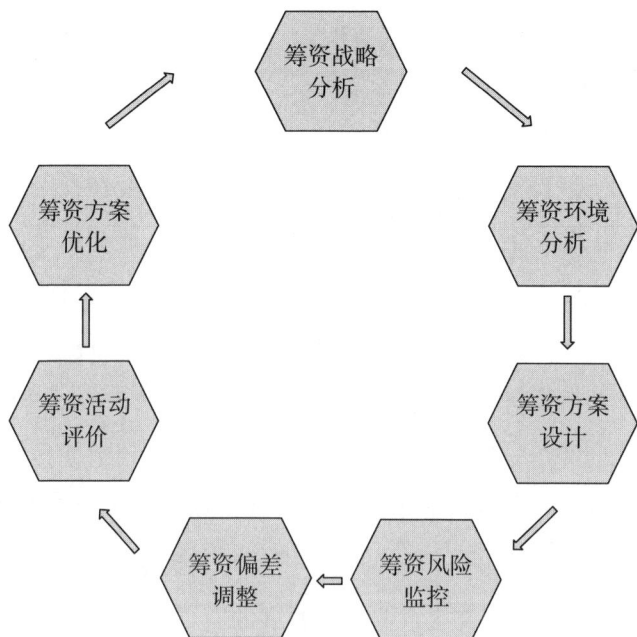

图 4-2　筹资活动闭环流程图

企业是否决定开展筹资活动，通常主要取决于企业整体安排和战略需要。"走出去"的文旅企业开展海外筹资一般基于如下三种需要：一是服务"一带一路"建设，二是基于行业和自身发展战略，三是进行全球化经营布局。所以，这些企业开展海外筹资活动的战略目标十分清晰明确，必要性毋庸置疑。上文我们还系统分析了企业参与"一带一路"建设时海外筹资的机遇与风险，解决的是筹资可行性问题。接下来，企业管理者要考虑的是地缘因素对筹资活动的影响与后果问题，基本分析思路见图 4-3。

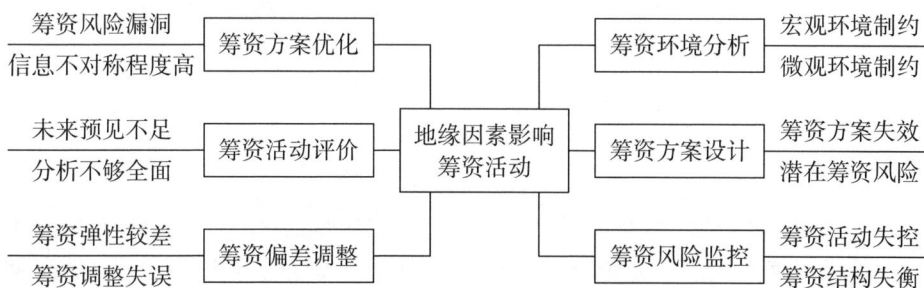

图 4-3　地缘因素对筹资活动的影响

以企业筹资活动战略为导向，通常要对企业的筹资环境进行系统评价和分析。因为文旅企业具有可抵押资产少、项目回收期长和投资规模大等特点，这种行业特性使文旅企业的筹资活动受到较大约束，进而对其成长性形成一定程度的制约。基于融资考虑，国内大型文旅上市企业在积极扩大产业规模的同时也在积极开拓金融产业领域的新业务。通过开展金融业务可以大大提高企业的筹资能力，缓解企业的筹资压力，使企业更为灵活地开展筹资活动，以配合企业的投资活动和经营活动。但是，对于全国数量庞大的中小型文旅企业来说，独立开展金融业务，实现与企业主营业务产融结合的难度很大，它们只能寻求外部资金来源，因而对外部筹资环境依赖程度很大，也因此不得不承担高筹资风险。纵然近年来国家政策引导和经济发展带动"旅游热"持续升温，但是文旅业筹资环境的改善进度却远远落后于文旅业的 GDP 贡献增长速度，形成了制约文旅企业经营发展的瓶颈。

"一带一路"在一定程度上改善了共建国家的筹资环境，比如丰富了筹资渠道，提供较低成本的资金来源。对"走出去"的中国文旅企业来说，还可以在一定程度上避开国内竞争较为激烈的筹资环境。但是，这些企业在异国他乡开展经营和筹资活动，不得不面临和应对诸如文化、法律等方面的差异问题。这些问题一方面增加了企业的筹资市场调查和准备成本，另一方面也增加了地缘因素导致的潜在筹资风险。许多共建国家地缘因素复杂且处于地缘战略要地，受地缘政治影响较大，各地缘政治板块间的风险一旦爆发，会给企业造成不可估量的损失。因此，"走出去"的文旅企业必须系统分析地缘因素与地缘政治风险对筹资活动及其各个环节可能造成的影响，并进行后果分析以便综合评估企业的承受能力。

（一）地缘因素影响筹资环境分析

企业开展筹资活动的第一步通常是对目标筹资环境进行系统评价和分析，地缘因素与风险首先影响企业对东道国筹资环境的分析评价，主要分为宏观环境影响和微观环境影响两个维度。

地缘因素诱发相关风险与各个国家外交战略立场的冲突和对立高度相关，在各国或地区矛盾无法调和的情况下还有可能触发地缘政治风险。地缘政治风险的爆发可能使东道国资本市场产生强烈的排外心理，直接后果主要为筹资协议破裂、筹资成本提高、筹资规模减小和筹资生效时间延后，等等。这种宏观筹资环境恶化极有可能对该国企业的整体运营产生系统性后果，包括影响这些企业的长期发展战略。因此，在筹资活动开展初期应当对东道国筹资环境进行系统调研和分析，对地缘因素与风险，尤其是地缘政治风险的风险等级和发生概率作出理性判断，为后续筹资活动的顺利开展提供指引。

除了影响文旅企业筹资活动的外部宏观环境，地缘因素还可能会对这些企业的微观环境造成影响。第一，地缘因素与风险的现实威胁可能大大增加企业内部管理层和股东对筹资战略的疑虑与担忧，会影响企业职工的工作积极性和归属感，进而影响经营活动和筹资活动的有效开展。第二，地缘政治风险的爆发还有可能使企业不得不进行战略转移，造成企业前期筹资准备成本的浪费。第三，地缘政治风险的爆发还可能导致或加剧两国之间文化交流等方面的隔阂，而国家间的信任和交流是文旅企业业务开展的重要基础，这种隔阂一旦形成气候，将给外来企业筹资活动设置无形障碍。第四，地缘因素与风险具有极高的不确定性，科学分析和预测地缘因素与风险不仅对企业的人才资源、发展战略等方面都提出了较高要求，而且需要耗费企业大量的资金和人力成本，这些不利因素无疑还会增加企业筹资方案设计和筹资决策难度。

（二）地缘因素影响筹资方案设计

企业在对东道国筹资环境充分调查研究以后，需要根据经营战略规划拟定筹资方案，筹资方案的主要内容包括筹资用途、筹集资金金额、筹资形式、利率、筹资期限和偿还方式（适用于债务资金）等，一般由财务部门根据企业经营战略、预算情况与资金现状等因素提出。财务部门提出筹资方案后需要经过各级相关部门审批，最终经过决策程序选出最优筹资方案。从筹资方案的设计到审批再到最终决策，必须执行严格的操作流程。地缘因素和风险可能对正常的筹资方案设计过程造成干扰，尤其是地缘政治风险的突然爆发，将给筹资方案带来新的变数，筹资方案风险评估难度陡然增加，如果对该风险评估不充分，很有可能导致筹资活动失败。

一个可行的筹资方案需满足以下特征：明确的筹资目标，科学的筹资规模，较低的筹资成本，较低的筹资风险，恰当的筹资时机，安全的筹资环境，合理的资金结构，以及这些特征相互协同一致。股东大会或管理层需要结合企业的经营状况和发展战略对筹资方案进行分析、论证、优化和审批，最终选择最具可行性的筹资方案。

基于风险来源的属性和影响范围，企业的筹资风险主要可以分为筹资活动系统性风险和筹资活动非系统性风险两大类。其中，筹资活动非系统性风险可以通过企业筹资方案的设计、调整和系统安排进行规避；而筹资活动系统性风险来自东道国的资金市场，难以进行规避，比如全球各地缘板块之间存在的地缘因素引发的风险。与地缘因素相关风险的爆发会导致东道国资金市场发生动荡，由此引发连锁反应，比如投资人退出市场、筹资成本提高、银行利率提高和筹资门槛提高，等等。地缘因素及其引发的东道国资金市场动荡极有可能造成企业筹资计划难以付诸实施，甚至导致筹资活动失败。

虽然通过筹资方案的合理设计和系统安排能够适度降低筹资活动的非系统性风险进而降低筹资活动的风险水平，但是包括地缘政治风险在内的系统性风险对进驻东道国企业的影响无法通过分散化或其他科学安排加以规避，这些风险随时可能会影响企业的筹资活动，致使其筹资活动陷入困境，极端情况下还会产生连锁反应，最终导致这些企业的资金链断裂。降低地缘因素不利影响，特别是地缘政治风险不利影响的最佳方法是与之隔离，即：通过选择有利资金市场远离不利地缘因素与地缘政治风险，参与"一带一路"建设的文旅企业应当以有利资金市场作为海外投资先决条件，并纳入企业战略。

（三）地缘因素影响筹资风险监控

企业执行筹资方案需要按照要求及时对其进行监督和控制，以保证筹资方案正确、合法、循序而有效地进行。该过程主要包括三项工作内容：第一，严格有序地按照筹资方案开展筹资活动；第二，签订筹资协议，明确各签约方的权利和义务；第三，明确筹资活动中各岗位和部门的职责和权限，以保证各岗位间的权责分离、监督和制衡。通常，监控筹资活动分步骤、有秩序地进行可以在一定程度上保证筹资方案的质量和有效性。但是，对企业而言，地缘因素引发的相关风险属于企业外部的不可抗力，它会影响企业筹资环境，进而影响筹资方案的有效执行，甚至会导致企业筹资活动失控与企业资金结构失衡等一系列问题。

在地缘因素积聚、恶化时，特别是爆发地缘政治风险时，东道国的经济环境很可能因此恶化，当地资本市场和企业经营活动将受到波及，甚至面临直接冲击，这些对正在执行中的筹资方案来说是巨大挑战。此时，资金市场上投资者大范围违约撤资、银行提高利率、银行供给资金减少等情况将不断出现。由地缘因素引发的这些市场冲击导致企业对筹资活动失去控制。当出现部分债务或全部债务到期，企业无法及时筹措资金予以如约偿还时，它们将面临违约风险甚至法律诉讼。此外，由地缘因素引发的相关风险，特别是地缘政治风险的突然爆发还会导致东道国资金市场失灵和政策监管失效，致使投资者和融资者权益都不能得到妥善而有效的保护，一个可能的后果是企业的筹资活动因此偏离筹资方案，继而造成其未来一段时间筹资活动呈现盲目性和无序性。

"走出去"的文旅企业仅仅依靠政策性融资平台可筹集到的资金较少，难以支撑企业巨大的资金需求，所以这些企业需要在国际市场拓宽融资渠道以筹集资金。"走出去"的文旅企业在一定程度上受益于东道国基于"一带一路"提供的多元筹资渠道和较低的筹资成本。比如，亚投行、中国进出口银行等政策性金融机构的融资风险和融资成本均较低。但是，在东道国的资金市场中，一些筹资渠道里的资金与生俱来具有高风险特性。比如，以营利为目的的多边新型金融机构容易受到国家间地缘因素和地缘政治风险的影响，导致其实际风险水平升高，甚至达到中等风险程度，而这种高筹资风险必将由筹资企业来承受。同时，一旦东道国本土公共和民间融资平台在筹资规则、法律保护等方面与我国大相径庭，且与文旅企业的筹资诉求产生冲突，投资方和融资方将不可避免产生种种矛盾，我方企业就将比较被动，并直接导致筹资风险增大。鉴于上述种种原因，文旅企业在制定筹资方案时需要权衡不同筹资方式的风险和成本，尽量使筹资活动保持一定的弹性。

（四）地缘因素影响筹资偏差调整

企业在执行筹资方案的过程中，通常要对筹资活动进行严格监控以使筹资活动按照筹资方案有序进行。筹资实践中，因为企业外部和内部环境等不可控因素的干扰，筹资活动往往不能完全按照计划执行，所以通常要求企业对筹资偏差进行调整。一般来说，筹资偏差调整包括：为优化企业的筹资方案进行主动型筹资偏差调整和为应对筹资活动失控进行被动型筹资偏差调整。

国际资本市场瞬息万变，各地缘战略板块之间因利益纷争引发的地缘震荡使各国的外部投融资环境充满风险和不确定性。在此背景下，经济上的分工合作成为国际经济关系维系的"稳定器"，竞争与合作相互交织成为国际经济关系的重要模式。但是，由于世界各国在国际经济合作网络中处于不同地位，基于自利原则，每个国家也有自己的经济战略定位。在地缘因素尤其是地缘政治的影响下，国家间的经济合作关系也有可能因此产生变化甚至遭到破坏。比如，随着"一带一路"的深入推进，不少西方学者鼓吹"中国威胁论"，这种言论在世界范围内的泛滥极有可能导致地缘因素朝不利的方向转变，甚至诱发地缘政治风险，从而威胁到共建国家之间的经济合作关系。地缘因素与相关风险的现实威胁对文旅企业在筹资方案执行过程中的筹资偏差调整能力提出极高的要求，如果这些企业的筹资偏差调整能力不足，出现筹资缺乏弹性或筹资调整失误等情况，那么地缘因素诱发的风险对其筹资活动的影响后果将十分严重，很可能导致筹资失败乃至合作项目终止。因此，文旅企业在筹资活动中要充分发挥自身的积极性、主观能动性和创造性，做到能够随着经营环境和外部市场环境的变化，及时、适时地调整筹资结构和筹资规模，从而最大限度地保障筹资活动的顺利进行和项目的正常运转。

一般来说，企业的融资弹性通常体现为融资方式在时间维度与转换维度上的灵活调整能力。融资时间弹性是指企业清欠融通资金在时间上的选择权。企业的融资方式通常包括实收资本（股本）、长期负债、优先股、可转换债券和短期负债，等等。由于实收资本是企业长期稳定占用的资金，一旦投入企业使用就不得随意退还或转让，因此实收资本的转换弹性较差；优先股通常在一定条件下可转换为普通股，因而具有转换弹性；长期负债和短期负债均可以在协议期限前偿还融通资金，具有转换弹性。因为流动资产比长期资产更容易变现也具有更强的流动性，基于长、短期资产与长、短期负债匹配的原理，短期负债的转换弹性大于长期负债的转换弹性。当地缘因素引发的风险集中爆发，特别是地缘政治风险爆发时，东道国的资金市场环境很可能严重恶化，企业将面临筹资成本增加，筹资风险加大等风险，企业可选择的筹资方式和筹资机动性因此受到限制。换言之，在东道国资金市场环境恶化时，企业筹资活动弹性将降低，甚至失去弹性。

（五）地缘因素影响筹资活动评价

筹资活动评价贯穿筹资活动的全过程。一般来说，筹资活动评价包括横向评价和纵向评价两个维度，即：对开展筹资活动的全面性和未来前景进行评价。

筹资活动的全面性一般要求从分析框架（规模及结构变动）、管理要素（目标导向和工具选择）、动态影响（现金流和资本结构）以及周期适配的全面性等多维度进行综合考量。实务中一般是指对各筹资渠道资金的灵活运用，比如筹资时机、筹资规模的选取等，开展此类评价的目的是使企业各项筹资指标保持在可控以及选优范围以内。筹资活动的未来前景是指企业对资金市场前景的合理预测，企业应当结合自身的长期发展战略制定未来筹资计划，并与企业后续投资活动和经营活动相配合，确保在资金市场前景暗淡时采取相对稳健的财务策略筹集到必要的资金，在资金市场前景较为乐观时能够筹集到进行市场扩张等活动需要的大量资金。建立科学、有效的筹资活动评价体系，对筹资活动进行系统评价，有利于根据评价结果进行总结反馈、明确责任与追究责任，为完善筹资活动风险控制提供支持与保障。

参与"一带一路"建设的文旅企业对东道国资金市场较强的依赖性使其必须重视地缘因素与风险对企业筹资活动可能产生的后果。在对筹资活动进行系统、综合评价中，需要谨防两种不良倾向：一是对地缘因素与风险预期不足，容易导致盲目乐观；二是对地缘因素与风险担忧过度，导致过度悲观，进而丧失发展机遇。作为影响企业内部控制体系的外生变量，地缘因素及其风险属于系统性风险，具有不可控制性。一方面，在企业筹资方案执行过程中，地缘因素诱发的相关风险可能使企业的筹资活动偏离筹资计划，从而使企业错失最佳的筹资时机或者错失最低筹资成本，这些情况不仅会对企业全面评价筹资活动造成干扰，而且会给责任追究带来困难。另一方面，由于地缘因素诱发风险往往具有突然性，增加了企业准确预测未来资金市场的难度，也给企业财务战略安排带来巨大的不确定性和干扰。此外，企业对未来地缘政治风险的较大预测偏差有可能从根本上破坏公司的战略安排。

（六）地缘因素影响筹资方案优化

企业综合系统化评价筹资活动以后，常常还要对筹资方案进行优化调整。筹资方案优化主要根据企业未来一段时间的经营战略、经营活动、企业面临的资金市场状况、企业投资活动和营运活动的资金需求等信息来进行。企业进行筹资方案优化的目标是使筹资活动与企业战略和财务活动更加协同，或者把筹资成本降到低水平，或者尽可能把筹资风险限定在企业可控范围以内。但是，企业筹资方案的优化不可避免地受到东道国地缘因素与风险的影响，主要体现在筹资风险漏洞和信息不对称程度高方面。

首先，地缘因素诱发风险一旦爆发，不仅波及面广，而且影响深远，对东道国宏观经济基本面和筹资企业产生较大的冲击和破坏，还会使东道国的资金市场动荡和复杂化。企业在优化筹资方案时，极有可能由于筹划不周，未对地缘因素诱发风险采取足够的防范措施，使企业未来的筹资活动出现较多的风险漏洞，难以及时补救，进而使企业的筹资活动风险等级急剧提高，造成企业资金链断裂，甚至使企业陷入财务困境。

其次，东道国的法律环境、经济发展潜力、文化环境、社会观念等方面与国内大相径庭，形成中外企业沟通与交流的重要障碍，文旅企业开拓海外市场面临的重重困难大多源于此。若上述障碍不能消除，将使参与文旅企业面临信息不对称难题，导致筹资活动和经营活动决策困难，还可能造成多元化筹资优势的减弱，甚至因筹资活动不合当地社会要求而面临法律诉讼等问题。若再突发地缘政治风险，上述信息不对称还会加剧，这无疑使企业优化筹资方案难上加难。

在优化筹资方案过程中，企业必须适时建立和更新地缘因素与风险（特别是地缘政治风险）评价体系，提高预测、评价质量和效能，为决策提供更加有用的信息，借此最大限度地减少地缘因素与风险对文旅企业经营活动和财务活动的冲击。

第二节　地缘因素对文旅企业投资的影响及其后果

一、地缘因素对文旅企业投资的影响机制和路径分析

（一）中国对外直接投资发展综述

2008 年国际金融危机以后，全球经济不断下滑。至 2019 年，世界经济增速降至国际金融危机以来最低水平。在此期间，我国于 2013 年提出的"一带一路"倡议对于阻止全球经济进一步下滑，对于提振世界经济发挥了巨大建设性作用。对外直接投资是我国推动"一带一路"建设，促进全球经济发展的重要举措之一，在该阶段呈现出以下特征。

1. 对外直接投资流量回落

对外直接投资是对外间接投资的对称，它是指一国国际直接投资的流出，即：投资者直接在外国举办并经营企业而进行的投资。对外直接投资一般包括如下几种形式：直接在国外开办工厂，在国外设立分店，投资者输出资本，或者收购东道国原有企业，或者通过与当地政府、团体和私人企业合作经营取得各种直接经营企业的权利。自 2013 年"一带一路"倡议提出至 2016 年，中国对外直接投资呈现逐年稳步增长的趋势，但是在 2017 年，中国对外直接投资首呈负增长，并在之后的三年内对外直接投资流量持续下降，详细情况见图 4-4。其中，2019 年中国对外直接投资流量为 1369.1 亿美元，蝉联全球第二位。我国对外直接投资之所以呈现这种变化趋势，有两个重要原因：第一，2017 年中国政府加强了对企业对外投资的真实性、合规性审查，同时个别国家出台了相关的法律法规或举措，加强对外国投资的审查和监管；

第二，对外投资主体更趋成熟和回归理性。

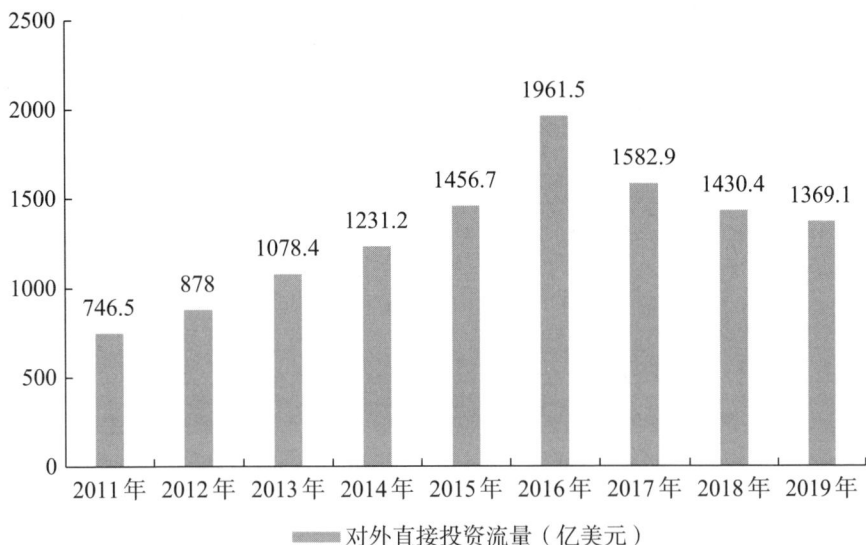

图 4-4 中国对外直接投资流量统计

数据来源：《2019 年度中国对外直接投资统计公报》。

2. 对外投资并购领域广泛，境外融资规模扩大

截至 2019 年年底，中国 2.75 万家境内投资者在国（境）外共设立对外直接投资企业 4.4 万家，分布在全球 188 个国家（地区），境外企业资产总额 7.2 万亿美元。对外直接投资累计净额达 21988.8 亿美元。其中，股权投资 12096.7 亿美元，占 55%；投资收益再投资 6866.4 亿美元，占 31.2%；债务工具投资 3025.7 亿美元，占 13.8%。① 随着中国对外投资不断发展，辐射领域也越来越广泛。2019 年中国企业对外投资并购稳步发展，共实施完成并购 467 起，涉及 68 个国家（地区），实际交易金额为 342.8 亿美元。中国企业对外投资并购涵盖制造业、采矿业等 18 个行业大类。中国对外投资（并购）不仅规模大，而且效果良好。比如，随着对外投资规模的扩大，我国可以享受到市场占有率提高带来的溢出效应；近阶段我国的对外直接投资不仅可以

---

① 数据来源：《2019 年度中国对外直接投资统计公报》。

输出国内过剩产能，输出国内先进、成熟的技术和装备，而且能有效地提升我国的技术创新能力，因而我国可以从对外直接投资中获得逆向技术溢出效应。

3. 人民币对外投资活跃

以 2017 年为例，中国以人民币方式对外直接投资占对外投资总量的 20%，形成境外企业的股权和贷款，涉及 800 家中国境内企业。其中，2017 年新增股权投资 679.9 亿美元，占流量总额的 42.9%；债务工具投资（仅涉及对外非金融类企业）为 206.6 亿美元，占 13.1%。[①] 人民币对外投资活跃且收益状况良好，不仅创造了可观的经济效益，而且有力地推进了人民币国际化进程。

4. 对外投资空间分布不均衡

截至 2019 年 9 月，我国企业在 46 个共建"一带一路"国家在建初具规模的境外经贸合作区累计投资 426.9 亿美元，入区企业 5452 家，上缴东道国税费 40.9 亿美元，为当地创造就业岗位 36.7 万个。但是，从中国全部对外直接投资资金的地区流向来看，分布极其不均衡，详细情况见表 4-1。

表 4-1　2019 年中国对外直接投资流量地区构成情况

洲别	金额（亿美元）	同比（%）	比重（%）
亚洲	1108.4	5.1	80.9
拉丁美洲	63.9	−56.3	4.7
北美洲	43.7	−49.9	3.2
欧洲	105.2	59.6	7.7
非洲	27.1	−49.9	2.0
大洋洲	20.8	−6.3	1.5
合计	1369.1	−4.3	100.0

数据来源：《2019 年度中国对外直接投资统计公报》。

---

① 数据来源：《2017 年度中国对外直接投资统计公报》。

表 4-1 显示，流向亚洲的投资流量占比极大，占当年对外直接投资流量的 80.9%。除亚洲外，中国对外直接投资主要流向欧洲地区，且呈现快速增长趋势。我国全部对外直接投资资金地区流向的不均衡分布主要原因是，中国地处亚洲，而周边国家或地区都是中国的近邻，与它们加深经贸融合，将为中国创造更好的发展环境；欧洲地区国家经济发展水平普遍较高，市场机制成熟，经贸合作的先天条件较好，也是我国对外投资的黄金地区。

5. 中央企业和单位投资势头强劲

自从"一带一路"倡议付诸实施以来，各类企业纷纷走出国门开展投资活动。其中，中央企业和单位的对外投资流量逐年上升，已经成为对外投资的主力军。仅在 2017 年，在大型并购和增资项目的拉动下，中央企业和单位对外投资 532.7 亿美元，同比增长 73.4%。[1] 共建"一带一路"作为区别于传统区域合作体系的新型合作模式，为"走出去"的企业提供了政策红利，同时也有利于清除企业合作间的机制性障碍，使之整体呈现递减趋势[2]。所以，"一带一路"建设不仅降低了企业的对外直接投资风险，而且使中国对外直接投资的企业结构更加合理。

但是，在对外直接投资快速发展的同时，客观存在的国际市场风险、行业风险、地缘因素与风险，以及企业间存在的信息不对称风险都为对外直接投资增加了更多的不确定性。对于"走出去"的企业而言，这些都是外生系统风险，单凭企业自身无法规避或化解。这种情形意味着，政府需要发挥积极建设性作用，不断拓展经贸合作的层次、广度和深度，与外国政府、跨国公司或其他国际组织构建深层次的合作伙伴关系，降低企业对外直接投资过程中的系统性风险。

---

① 数据来源：《2017 年度中国对外直接投资统计公报》。

② 孙焱林，覃飞."一带一路"倡议降低了企业对外直接投资风险吗[J].国际贸易问题，2018(08)：66–79。

（二）文旅业对外直接投资现状分析

2018 年 3 月文化和旅游部成立以前，旅游业和文化业分别统计相关数据资料，而且口径差异很大；至 2019 年年底，文旅合并统计时间窗口期不足两年，为简化起见，这里仅概括旅游业对外直接投资现状。

就我国旅游业而言，在过去四十多年的发展过程中，经历了从改革开放之初的接待入境旅游到国内旅游、入境旅游和出境旅游三大市场的全面繁荣的阶段。为了进一步推动我国旅游业更快、更好发展，必须通过内涵式发展和外延式扩张等方式做大做强一批优秀的国际化旅游企业。不仅要通过开放引进一批优秀的外资旅游企业，还要鼓励国内优质旅游企业和资本积极走向国际市场。对外直接投资是我国旅游业未来开拓国际市场的重要举措之一。

中国企业对外直接投资发展历程一般划分为四个阶段：探索阶段（1979—1984 年）、起步阶段（1985—1991 年）、快速发展阶段（1992—2002 年）和高速发展阶段（2002 年至今）。过去十年，在共建"一带一路"影响下，我国企业对外投资的规模和质量都不断提高。

表 4-2 列示了我国各行业 2019 年对外投资并购情况。其中，住宿和餐饮业并购金额仅为 0.8 亿美元，金额占比为 0.2%，在十八个行业大类中仅位列第十三位，而并购金额较大的产业多为第一产业。从住宿和餐饮业在对外投资并购中所处地位可以看出，我国旅游业发展质量和国际竞争力尚显不高、不足。共建"一带一路"不仅为旅游业提供了发展契机，而且为旅游企业走出国门开拓国际市场奠定了基础设施基础。

表 4-2　2019 年我国对外投资并购行业构成

行业类别	数量（起）	金额（亿美元）	金额占比（%）
制造业	179	142.7	41.6
信息传输 / 软件和信息技术服务业	49	72.5	21.2
电力 / 热力 / 燃气及水的生产和供应业	31	45.4	13.3
金融业	8	18.0	5.3

续表

行业类别	数量（起）	金额（亿美元）	金额占比（%）
租赁和商务服务业	33	14.3	4.2
科学研究和技术服务业	47	12.4	3.6
农/林/牧/渔业	18	11.0	3.2
采矿业	17	10.0	2.9
批发和零售业	48	8.7	2.5
交通运输/仓储和邮政业	11	2.8	0.8
文化/体育和娱乐业	7	1.6	0.5
房地产业	2	1.5	0.4
住宿和餐饮业	1	0.8	0.2
教育	5	0.6	0.2
其他行业	11	0.5	0.1
总计	467	342.8	100.0

数据来源:《2019年度中国对外直接投资统计公报》。

2001年以来，我国旅游企业海外并购由探索进入扩张阶段，旅游企业对外投资项目数不断增长。受外部政策环境、市场环境和经济环境的干扰，旅游业对外直接投资还表现出周期性和滞后性的特点。随着"一带一路"建设的持续推进，旅游企业的对外直接投资呈现稳步增长态势。

但是，我国企业在对外直接投资过程中仍然面临很多困难和问题，特别是对外直接投资结构不合理、宏观管理滞后等。我国旅游企业海外并购成功率也大大低于同期英美等发达国家，主要有如下三点原因：首先，我国旅游企业对外投资的区位选择不尽合理。我国旅游企业在进行投资区位的选择时，通常遵循"旅游市场在哪里，对外投资项目就在哪里"的原则，而旅游市场发达的国家和地区通常就是发达国家和地区，其结果是出现与世界旅游业强者争雄的局面。这些发达国家的大型旅游集团具备先天性优势，我国的旅游企业在那里开展跨国经营和跨国并购难度极大。其次，旅游企业在进行对外直接投资时对东道国的配套设施要求较高，只有在发达国家和地区开发旅游市场，这种要求才能得到较好满足，而在旅游资源较丰富的发展中国家和地区进行对外投资，一般情况下东道国没有相应的配套基础设施。外资旅游企业进驻这些东道国承接旅游业务，不但要承担部分配套基础设施改造或开发成本，而且要承担由此导致的跨行业开发风险。最后，对外投资的行业与旅游价值链关键节点脱节。从产业链的角度看，旅游业的生产要素中实现价值增值最大的环节是购物和娱乐，而我国旅游企业对外投资资金主要流向住宿和餐饮业，属于价值链低端部分，这种不利局面不仅制约了旅游对外投资的经济效益，而且不利于旅游外汇回流。

（三）文旅业对外直接投资的理论依据

文旅业对外直接投资是跨国经营的一种方式，是用企业的优势资源参与到国际市场激烈的竞争中，也是适应产品升级和更新换代而进行的经营策略的主动调整。一般地，旅游企业对外直接投资行为可以用内部化理论、垄断优势理论、产品生命周期理论和国际生产折衷理论加以诠释。

1. 内部化理论

跨国公司内部化理论这一称谓是由 Buckley & Casson（1976）提出的。市场内部化和优势内部化是跨国公司内部化理论的两个主要分支，它们分别关注跨国经营过程中节约交易费用和利用无形资产特有优势的外部收益。[①]这一理论主要回答了为什么和在怎样的情况下，到国外投资是一种比出口产品和转让许可证更为有利的经营方式。

产业经济学认为，企业的产生是对市场交易职能的替代，通过企业这一组织形态可以节约大量由市场失灵造成的交易费用。遵循这个逻辑，企业对市场交易功能的替代跨越了国界，也就形成了跨国企业或者跨国公司。许多企业不是充分利用国际市场，而是采用跨国经营方式，其目的就是充分实现

---

① BUCKLEY P J, CASSON M C. The future of the multinational enterprise [M]. London: Macmillian, 1976.

优势内部化。跨国经营可以利用全球企业分工、资本集聚和创新研发等优势，可以更有效率地利用社会资源。

2. 垄断优势理论

垄断优势理论发源于不完全竞争市场结构假设，是关于垄断优势的国际直接投资理论。该理论认为，现实中市场是不完全的，具备垄断优势的企业对外直接投资容易在海外市场取得竞争优势。海默在 1960 年的博士论文《国内企业的国际化经营：对外直接投资的研究》中首次将市场不完全性与对外直接投资联系起来，创立了对外直接投资的一般性理论，并由金德尔伯格进行补充。20 世纪 60 年代，各国产品和生产要素都存在不同程度的垄断，同时投资资本流向呈现多样性的特征，资本流动的根本动因已经不再是各国之间利率的差异。因此，海默认为传统以要素禀赋论为基础的国际资本流动理论已经无法对国际市场现状进行合理解释，从而提出了垄断优势理论。这一理论关注的问题是一家外国企业的分支机构为什么可以与东道国本地企业进行有效竞争，并可以长期生存和发展。垄断优势理论利用市场不完全和垄断优势两个核心观点对此问题进行了解答。市场的不完全性表现为产品市场的不完全性、要素市场的不完全性和市场本身的不完全性，其中产品市场的不完全性主要包括产品的差异性、特殊的市场技能、商标或价格联盟等；要素市场的不完全性主要包括资本市场的便利、特殊的管理技能和受专利技术保护的技术差异等；市场本身的不完全性主要包括规模经济、关税、政府税收、利率和汇率等。一般认为，垄断优势主要包括知识资本优势和规模经济优势。其中，知识资本优势是指企业已经形成和具备的产品开发和更新能力、先进的管理技术和经验证据、品牌优势、独立的信息和销售系统等。具备知识资本优势的企业在一定程度上也获得了垄断优势，主要有以下三个原因：第一，企业在此前的经营过程中开发出的知识资产（如专利等），在研究开发阶段已经投入大量的费用，在企业进行对外投资时，对这些知识资产的使用发生的边际成本趋于零，但同时可以获得相对较多的资产报酬；第二，知识资产属于无形资产，区别于有形资产，知识资产可以在许多国家重复使用，且企业的子公司在异国进行直接投资使用该项知识资产时，其边际成本较低，因而形成了企业的垄断优势；第三，企业在拥有知识资产的前提下，在产品市场上可以推出有竞争性的差别产品，进而形成企业的垄断优势。规模经济优势是指在相关范围内企业的长期平均成本随着产量的增加而不断降低。依据这个原理，企业可以通过增加经营数量（或产量）来降低单位经营成本，通过利用各国生产要素之间的差别，进行对外直接投资形成多厂大规模经营来增加收益，直至形成规模经济，进而形成垄断优势。

3. 产品生命周期理论

哈佛商学院教授雷蒙德·维农于 1966 年在《产品周期中的国际投资和国际贸易》一文中率先提出产品生命周期理论。该理论根据产品生命周期的一般原理，侧重于从技术创新、技术进步和技术传播的角度分析国际贸易、国际分工的基础，该理论提出以后经历了从技术差距模型到相关理论逐步完善的研究过程[①]。

在技术差距模型的基础上，维农将市场学的产品生命周期与国际贸易理论结合起来，进而提出了产品生命周期理论。产品生命周期理论将产品的生命周期划分为初创、成长、成熟和衰退四个生命阶段。根据该理论，国际投资者应当在产品不同的生命阶段采取不同的国际投资策略。

4. 国际生产折衷理论

邓宁在 1977 年出版的《贸易、经济活动的区位与跨国企业：折衷理论的探索》中提出国际生产折衷理论，并在 1981 年出版的《国际生产与跨国企业》一书中对该理论进行了系统阐述。他认为，企业从事国际直接投资是由该企业本身所拥有的所有权优势、内部化优势和区位优势三大基本因素共同决定的，这三种优势的强弱程度决定企业是否进行以及如何进行对外直接

---

① 姚朋鹤,王美霞.发展中国家对外投资机会分析——基于产品生命周期理论[J].中共太原市委党校学报,2010(01):65-67.

投资①。企业若仅拥有所有权优势,则选择技术授权方式;企业若具有所有权优势和内部化优势,则选择出口方式;企业只有同时具备三种优势,才会选择国际直接投资。表4-3是邓宁教授提出的选择方案。

表4-3 公司资源优势与国际投资方式选择

方　式	所有权优势	内部化优势	区位优势
对外直接投资(投资式)	√	√	√
出口(贸易式)	√	√	×
无形资产转让(契约式)	√	×	×

注:"√"代表具有或应用某种优势;"×"代表缺乏或丧失某种优势。

其中,所有权优势包括独占无形资产所产生的优势与企业规模经济所产生的优势;内部化优势是指外部市场失灵时,跨国公司运用所有权优势,以节约或消除交易成本;区位优势是东道国拥有的优势,企业只能适应和利用这项优势。东道国的区位优势包括两个方面:一方面是东道国不可移动的要素禀赋所产生的优势,如自然资源丰富、地理位置方便等,另一方面是东道国的政治经济制度、政策法规灵活等形成的有利条件等。

此外,产业融合理论、平台跃升理论、消费升级驱动理论和技术地方化理论等也可以在一定程度上用于诠释文旅业对外直接投资。

（四）各地缘板块文旅资源禀赋分析

1. 东北亚文旅资源禀赋分析

东北亚国家主要包括中国、俄罗斯、朝鲜、日本和韩国等。就文旅资源禀赋而言,东北亚地区文旅资源丰富,气候层次分明,各个国家依地理环境和历史文化环境发展起来的文旅产业均各具特色。

进入21世纪以来,东北亚各国都把发展文旅业、加强与周边国家的文

---

① 阎建东.邓宁国际生产折衷理论述评[J].南开经济研究,1994(01):57-61+22.

旅合作作为发展经济、扩大对外交流的新着力点。东北亚区域文旅合作不仅可以加速该地区现有文旅资源的充分开发和利用，而且可以以此为抓手带动更多相关配套产业的开发和发展，同时有助于区域国家之间进行双边或多边文旅产业及相关产业的合作开发以形成互补共进的文旅产业合作链条。

自"一带一路"倡议提出以来，俄罗斯、韩国、蒙古国和日本等东北亚地区国家纷纷提出希望与中国探讨并加强"一带一路"合作，这充分表明"一带一路"正在为该地区国家进一步认同，正在成为推进东北亚区域深度合作的新契机与动力。"一带一路"持续推动了东北亚地区各国战略对接，一大批合作项目也因此付诸实施，这些有利条件必将助力该地区文旅产业的合作。

2. 东南亚文旅资源禀赋分析

东南亚各国多处于热带，地跨赤道，气候以湿、热为主要特征。从地理位置看，东南亚地区地处亚欧板块、太平洋板块和印度洋板块三大板块交界处。该地区火山、地震等地质活动较为强烈，板块运动还造就东南亚地区的众多岛屿。这些气候、地理和地貌元素成为东南亚地区独树一帜的旅游资源和地域特色。除此以外，东南亚地区文明历史悠久，积淀形成了东南亚地区鲜明的暹罗建筑艺术风格，诸如蕴含独具宗教文化特色的建筑、绘画和造像等艺术都是东南亚地区宝贵的历史文化遗产。独具东南亚地域特色的热带风光、宗教文化和民俗风情等对世界各地的观光游客产生着巨大的吸引力，文旅产业及其相关配套产业协同发展已经成为推动东南亚地区经济发展的关键因素。

目前，共建"一带一路"的东南亚国家主要有新加坡、柬埔寨、泰国、越南、马来西亚、印度尼西亚、菲律宾、老挝、缅甸、文莱和东帝汶等。根据东南亚地区国家文旅资源丰富、经济发展水平相对落后的特点，中国参与"一带一路"建设企业的投资重点为制造业和交通运输业，意在解决"一带一路"建设中的互联互通核心问题，促进中国和东南亚地区互惠互利、协同和可持续发展。最近几年，我国文旅企业采取有效策略，积极参与该地区"一带一路"建设，比如：聚焦区域合作平台，深化市场布局，借力中国—东盟博览会等国际展会，优先布局东南亚热点市场；强化产业融合创新，打造差异化优势，积极推动"文旅+影视"跨界合作，发展文化贸易与数字文旅，等等。

3. 南亚文旅资源禀赋分析

南亚地区地处"丝绸之路经济带"与"21世纪海上丝绸之路"的交汇处。"孟中印缅经济走廊"的建设，大大拉近了中国、南亚与东南亚各国之间的地理距离和人文距离。环喜马拉雅经济带推进了中国与尼泊尔、印度和不丹等南亚国家的经贸、物流、投融资、文化和旅游等合作与发展。南亚大通道是连通中国与南亚各国的重要通道，建设南亚大通道也是西藏对接"孟中印缅经济走廊"的重要举措。一系列"大通道"建设、"走廊"建设、"经济带"建设等都为我国与印度、尼泊尔、不丹等南亚邻国间的旅游合作创造了非常有利的基本条件和机会。

南亚地区跨北回归线，这里地势高、温差大，兼备了寒、温、热三个气候带的自然景观。南亚地区不仅地貌特征独特，而且人类历史文化遗产极为丰富、保存最为完好。南亚地区既有多彩纷呈的多民族历史遗迹，又有风格各异的多宗教寺庙和雄伟庄严的城堡，这些宝贵的自然和人文资源为这一地区文旅合作开发打下了坚实基础。南亚地区各国不仅存量旅游资源极其丰富，而且有很多未开发的旅游资源，加之浓郁的少数民族文化风情，更增添了该地区的神秘色彩。因此，这一地区越来越受到世界各国旅游、文化爱好者的青睐，文旅业发展潜力巨大。

4. 西亚北非文旅资源禀赋分析

西亚北非地区的地形以高原为主，平原狭小，高原边缘多山脉，世界上陆地的最低点（死海）、世界最大的沙漠（撒哈拉沙漠）都位于此，该地区自然环境较为恶劣。丰富的石油资源虽然源源不断地给本地区国家带来巨额财富，但也引发了不可胜数的地缘风险与地缘政治斗争。此外，历史遗留问题、宗教问题、民族问题以及大国等域外势力在这一地区的角逐使得西亚北非成为世界版图上地缘政治局势最为动荡的地区之一。恶劣的自然环境和不利的地缘因素对该地区文旅产业的发展形成巨大的威胁。

从文旅资源优势的角度来看，西亚北非的一些国家（比如埃及、土耳其等）优越的地理位置使其形成了得天独厚的旅游和文化资源，文旅业成为西亚北非地区除石油之外的又一支柱产业。在"一带一路"建设中，中国和西亚北非地区的多个国家就多个产业达成合作，主要涉及投资、经贸、科技、基础设施等领域。

随着各个国家之间发展战略的对接，政策沟通和政治互信的不断加强，以及文旅业相关配套基础设施的逐步完善，西亚北非地区的文旅发展市场仍然极具发展前景。

5. 中东欧文旅资源禀赋分析

从文旅资源禀赋角度来看，中国和中东欧地区的文旅资源在一定程度上具有互补性，充分表明中国和中东欧地区开展区域文旅合作先天条件十分优越。首先，中国和中东欧国家具有自然旅游资源上的互补性。中国与中东欧国家气候类型的差异在一定程度上造就了其在气温、降水、旅游适宜性及旅游资源等方面的差异性。其次，中国和中东欧国家具有人文资源上的互补性。最后，中国与中东欧国家还有大量已列入《世界遗产名录》且具有互补性的旅游、文化产品。

在"一带一路"建设持续推进的背景下，中国与中东欧的联系日益紧密。中国与中东欧地区国家应当充分利用丰富的文旅资源，基于共同利益诉求，进行区域文旅合作，推动双方文旅业更好、更快发展。

6. 中亚文旅资源禀赋分析

中亚国家自然风光美丽，历史文化遗迹丰富，展现出巨大的文旅开发潜力。中亚各个国家政府也充分认识到这一点，它们非常重视文旅业的发展，纷纷推出文旅业长期发展规划，加大对文旅业配套基础设施的建设，并以各种优惠政策吸引外资对本国文旅业进行投资。概括地说，中亚五国的文旅资源具有以下四大显著特点：第一，自然风光绚丽多姿，湖光山色极富自然原始之美。第二，人文古迹丰富，丝绸之路和举世罕见的中世纪伊斯兰古建筑、古遗迹闻名遐迩。第三，民族众多，风情浓郁。第四，特种旅游资源极为丰富，开发潜力巨大。

中国与中亚国家建交三十多年以来，以共建"一带一路"为标志，双方逐渐迈入打造利益共同体、谋求共同发展的新时期，中国与中亚国家关系已成为新型国家关系和区域合作的典范。在此背景下，中国与中亚国家不断推进产能合作、金融合作等项目，这些必将为形成更有前景、更持续的文旅区域合作提供强大的内生动力。

（五）"一带一路"建设中文旅企业投资战略影响因素分析

一般来说，企业进入国际市场的模式主要分为两类，一类是以贸易方式进入和契约方式进入为代表的非股权模式；另一类是以投资方式进入和国际战略联盟方式进入为代表的股权模式。在这里，我们主要研究企业以直接投资的方式进入东道国市场，具体针对企业投资行为，以便排除技术转让、特许经营等契约行为的影响。

以对外直接投资方式开拓国际市场，企业主要面临两个重要的战略决策：一是区位选择的决策，二是进入模式选择的决策。对参与"一带一路"建设的文旅企业而言，应当熟悉所在行业的属性。文旅业具有投资周期长、资金回流慢和风险高等特点，企业应当优先选择投资区位，优先考虑政策支持力度大的区域（如国家战略区域）、经济发达且消费能力强的区域、交通便利和基础设施完善的区域，以及能够形成产业协同和复合空间的区域。同时，结合专项债的支持和科技融合趋势，智慧文旅项目可能更受政策倾斜，因此区位选择也应考虑数字化基础设施的情况。

理论界将外商直接投资（FDI）进入东道国市场的模式分为跨国并购和绿地投资两种。其中，绿地投资是一种新建投资，即投资主体在东道国设立所有权归属自己的企业，也被称为创建投资。进行绿地投资的一般是拥有先进技术或其他垄断性资源的跨国公司，东道国一般是工业化程度较低的发展中国家。按照所有权比例和控制权决策模式，绿地投资又可以分为独资经营和合资经营，独资经营是指企业独立地在东道国新设企业并在东道国市场自主开展经营活动，合资经营是指企业与东道国本土企业合作在东道国市场上新设企业，共同经营、共负盈亏。独资经营成本包括新建基础设施成本，与东道国当地供应商、分销商以及政府建立关系网络的建设成本，以及进入东道国直接投资之前在东道国调研发生的成本，而合资经营则可以减少其中相当一部分成本支出。所以，一般情况下，在东道国独资经营的运行成本要高于合资经营。相对于跨国并购来说，绿地投资优点十分明显，企业可以通过在目标国进行充分调查，进而选择适应于企业发展战略的生产地点和生产规模建立生产基地。此外，由于海外投资企业对新设东道国子公司拥有较高控制权，因此它们可以完全控制子公司的生产技术、专利、固定资产投资和生产经营所得等，可以使位于东道国的子公司完全服务于集团的发展战略。由于参与"一带一路"建设的文旅企业进入东道国模式选择受到多种因素影响，无法一一细述，所以下文仅就文旅企业投资战略的影响因素进行分析。

笔者认为，影响参与"一带一路"建设的文旅企业投资战略的主要因素有地缘因素、国家（可分为投资国—东道国、东道国）、行业、企业和投资项目，下面将逐一分析其对这些文旅企业投资战略的影响。这些影响因素与地缘因素的相互关系见图4-5。

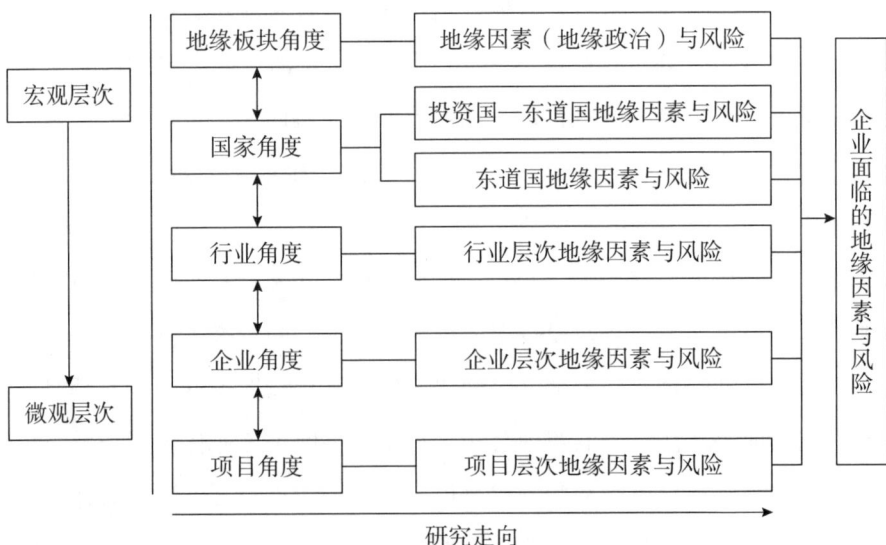

图4-5 文旅企业投资战略影响因素

1. 地缘板块因素对文旅企业投资战略的影响分析

暗流涌动的国际地缘因素（地缘政治风险）是参与"一带一路"建设的文旅企业面临的重要国际背景，本书主要从地缘战略视角和地区投资环境视角研究共建国家所属的六大地缘板块和六大地缘板块之间的相互作用对文旅企业投资战略的影响机制。

（1）地缘战略

目前，一些从事政治地理研究的学者研究了地缘政治关系与跨国投资之间的关系。地缘经济与地缘政治相互作用，企业在进行跨国投资时必须慎重考虑地缘政治与投资国（地区）的地缘战略。一般认为，地缘战略主要包括三层含义：第一，它是指企业进行对外投资时投资目标国家地理位置上的地缘区位优势。就文旅企业而言，地缘区位优势主要体现在交通便利，因为便捷的交通不仅可以减少交通成本，而且可以增加文旅企业规划经营业务的灵活性。比如，与投资目标国毗邻的某些国家可能蕴藏丰富的天然或人文资源，由于交通便利，投资企业可以乘势开发或扩大市场规模，进而产生规模效应。第二，指企业进行对外投资时投资目标国家所处地缘板块上国家间的地缘博弈。地理学认为，地缘战略指某一国家或地区在地缘战略格局中占据的位置和拥有的影响力。地缘战略区位优越的国家在其地缘板块上面临相对较小的地缘战略压力和地缘战略风险，在那里投资较为安全有利。第三，指大国干预。每个处于重要地缘战略地位的国家都要面对错综复杂的由地缘板块因素引发的地缘政治风险和由国际环境引发的地缘政治风险。大国干预体现了地缘风险的主体间性，域外大国这一行为主体加入东道国和投资国的地缘博弈改变了原有的地缘环境[①]。比如美国的"重返亚太"战略，美国在经济、外交和军事等方面加大对亚太地区的投入，以此维护美国的全球霸权，妄图遏制中国的发展。鉴于地缘战略对地缘政治具有重要影响，文旅企业开展对外直

---

① 洪菊花,骆华松,梁茂林,等."一带一路"重大项目地缘风险研究[J].人文地理,2018,33（01）:130–136.

接投资可行性分析时，务必要把投资东道国的地缘战略作为重要参考指标并纳入风险分析框架。

（2）地区投资环境

地区投资环境是指在一定时期内，对某一地区的投资活动产生重要影响的内部和外部因素的集合，主要包括自然地理环境、经济发展水平、法律环境和人文因素，等等。投资环境是一个较为宽泛的定义，又可以分为投资硬环境和投资软环境。其中，投资硬环境是指投资项目建设和运行所必须具备的经济因素的集合；而投资软环境是指东道国或地区消化和吸收资本的能力，是政治、法律和文化等非经济因素的集合。在进行投资环境分析时，所选取的指标常常因具体研究视角不同而有所差异。鉴于参考数据可获得性、可操作性以及评估的全面性，本书参考张碧琼等在《中国对外直接投资环境评估：综合评分法及应用》一文中提出的包含了微观因素的对外投资环境评估的综合评分法对投资环境进行充分分析（见表4-4）。

表4-4　综合评分法的指标体系和评分标准 [①]

投资环境因素	分值	投资环境因素	分值	投资环境因素	分值
一、资本抽回	0~12	二、外商股权	0~12	三、对外商的管制程度	0~12
无限制	12	准许并欢迎全部外资股权	12	对外资与本国企业一视同仁	12
只有时间上的限制	8	准许但不欢迎全部外资股权	10	对外商有限制但无管制	10
对资本有限制	6	准许外资占大部分股权	8	对外商有许多限制	8
对资本和红利都有限制	4	外资最多不超过股权半数	6	对外商有限制并有管制	6

[①] 张碧琼,田晓明.中国对外直接投资环境评估:综合评分法及应用[J].财贸经济,2012(02):73-80.

续表

投资环境因素	分值	投资环境因素	分值	投资环境因素	分值
限制繁多	2	只许外资占少部分股权	4	对外商有限制并严加管制	4
禁止资本抽回	0	外资不得超过股权三成	2	对外商严加限制和管制	2
—	—	—	—	禁止外商投资	0
四、货币稳定性	4~20	五、政治稳定性	0~12	六、对企业关税保护意愿	0~8
完全自由兑换	20	长期稳定	12	给予充分保护	8
黑币与官价差距在一成之内	18	稳定但因人而治	10	给予相当保护	6
黑币与官价差距在一成至四成间	14	内部分裂但政府掌权	8	给予少许保护	4
黑币与官价差距在四成至一倍间	8	国内外有强大的反对力量	4	很少保护	2
黑币与官价差距在一倍以上	4	有政变或动荡的可能	2	不保护	0
严格资本管制	0	政变或动荡极可能发生	0	—	—
七、当地资本可供程度	0~10	八、近5年通货膨胀率（%）	2~14	九、基础设施情况	2~8
成熟的资本市场与公开的交易所	10	小于1	14	基础设施便利且维护良好	8
少许当地资本与投机性交易所	8	1~3	12	基础设施便利但老旧	6
当地资本有限，外来资本少	6	3~7	10	基础设施不够便利	4
短期资本极其有限	4	7~10	8	基础设施几乎没有	2
资本管制很严	2	10~15	6	十二、商务成本（包括水、电、气、土地、房屋价格，环境保护费用）	2~8
高度的资本外流	0	15~35	4		
资本匮乏	—	35及以上	2		
十、劳动力供给水平	0~8	十一、市场需求度	6~12	供应充足、成本低廉	8

续表

投资环境因素	分值	投资环境因素	分值	投资环境因素	分值
劳动力素质高、供给不足、工资低	8	当地消费水平高且供给不足	12	供应尚可、价格较低	6
劳动力素质较高、工资合理	6	当地消费水平高且有供给	10	价格与国际持平	4
劳动力素质较低、供给充足、工资低	4	当地消费水平一般	8	供给不足、价格略高	2
劳动力供给不足、工资水平较高	2	当地消费水平很差	6	供给不足、价格昂贵	0

企业将东道国的地区投资环境和企业目前经营活动的市场环境进行对比分析，有助于发现特定投资地区投资环境的优势和劣势，借以制定投资决策和调整对外投资的投资结构和投资规模。

2. 投资国—东道国关系对文旅企业投资战略的影响分析

刘晓光等（2016）基于2005—2014年中国企业层面对外直接投资数据，通过实证分析发现：国家之间友好双边政治关系不仅有助于促进企业对外投资规模的扩大，而且有助于促进多元化程度和投资成功率的提高，但是存在一定的政策工具和行业差异。[①] 张建红等（2012）研究发现，双边政治制度的建立能够有效地维护对外直接投资，双边外交活动可以对一些比较敏感和重要的投资保驾护航。[②] 越来越多的学术研究成果均表明，母国的对外直接投资更加倾向于建立了稳定双边政治关系的国家。国与国之间建立双边政治关系的选择是多样的，比如达成双边投资协定、建立友好城市关系和双边高层会晤等形式。双边政治关系的建立具有一定的选择性，既可以通过正式制度安排加以实现，也可以通过非正式制度安排加以实现。双边政治关系实现

---

① 刘晓光,杨连星.双边政治关系、东道国制度环境与对外直接投资[J].金融研究,2016(12):17-31.

② 张建红,姜建刚.双边政治关系对中国对外直接投资的影响研究[J].世界经济与政治,2012(12):133-155+160.

形式不同、具体安排不同都会对投资活动形式、力度和结果产生不同的影响。

比如，双边高层会晤等正式制度安排会对母国企业在东道国的投资活动产生积极影响。一方面，双边高层会晤可以通过友好协商或外交政治压力，为母国企业在东道国的投资提供一系列的帮助和便利，不仅便于投资合约和协议的达成，大大降低谈判和交易成本，而且能够增强企业管理者与投资者的信心，进而促进企业投资规模的快速增长；另一方面，因为双边高层会晤能够为风险导向型的母国企业提供政治制度保障、东道国投资环境指引以及较高的产权保护，所以母国企业会将政府高层互访视为双边国家友好的信号。

再如，友好城市交流等非正式制度安排也会对母国企业在东道国的投资活动产生积极影响，我们可以从如下两个方面加以理解。一方面，这种非正式制度安排在一定程度上赋予双边城市经济合作和投资的"优先待遇"，可以提高投资东道国的信息透明度，降低对外投资企业信息不对称风险；另一方面，友好城市交流可以使双方的优势资源得到充分利用，共同推动未来的务实合作。有时还会产生溢出效应，比如推动当地相关的产业发展，优化投资和经营生态，提高当地企业参与共同投资的积极性，等等。

3. 东道国因素对文旅企业投资战略的影响分析

（1）市场需求的不确定性

Gilroy & Lukas（2006）通过数值求解证明了东道国市场的需求波动风险越大，对外直接投资者越倾向于不进入该国，进一步地，无论对外直接投资的投资者偏好如何，高需求波动风险都将使其倾向于采用绿地投资模式进入东道国市场，而低需求波动率将使其倾向于采用跨国并购模式。[①] 这说明投资目标国的市场需求规模和市场需求波动的风险水平都会影响企业对外直

---

① GILROY B M, E LUKAS. The Choice between Greenfield Investment and Cross-border Acquisition: A Real Option Approach [J]. Quarterly Review of Economics and Finance, 2006, 46 (3): 447–465.

接投资的战略。对文旅企业来说，市场需求规模依赖于当地经济发展水平，市场需求的稳定性依赖于当地经济发展水平的稳定性。目标国地缘因素与风险（尤其是政治风险）的加大会对当地经济发展造成严重影响，破坏当地市场需求的稳定性，进而影响境外投资者的进入与投资模式。

（2）营商环境

从全球范围看，各个国家经济发展中，私营经济扮演着重要角色。自20世纪80年代以来，为促进全球私营经济的发展，世界银行对各国私营部门发展环境进行评估，目的是在各国树立营商环境标杆，推动各国监管改革，为全球私营经济的发展营造良好环境。在这一主旨驱动下，此后世界银行每年发布《营商环境报告》，形成了一套囊括标准化宏观经济指标和系统化微观制度指标的指标体系，详细情况见表4-5。全球范围私营经济发展现状表明，根据这套指标体系对各国（地区）营商环境进行评估和分析，有助于增强民间投资意愿、外商投资信心和创业创新活力。因此，参与"一带一路"建设的文旅企业应当利用现有指标体系和数据对投资目标国的营商环境进行分析评估，破解和消除东道国投资、融资和经营活动隐形障碍，促进海外投资活动的顺利开展。

表4-5　世界银行营商环境评估指标体系

一级指标	二级指标	
A_1 开办企业	B_1 办理程序 B_3 费用	B_2 办理时间 B_4 开办有限责任公司所需最低注册资本金
A_2 办理施工许可	B_5 房屋建筑开工前所有手续办理程序 B_7 房屋建筑开工前所有手续办理费用	B_6 房屋建筑开工前所有手续办理时间 B_8 建筑质量控制指数
A_3 获得电力	B_9 办理接入电网手续所需程序 B_{11} 办理接入电网手续所需费用	B_{10} 办理接入电网手续所需时间 B_{12} 供电稳定性和收费透明度指数
A_4 产权登记	B_{13} 产权转移登记所需程序 B_{15} 产权转移登记所需费用	B_{14} 产权转移登记所需时间 B_{16} 用地管控系统质量
A_5 获得信贷	B_{17} 动产抵押法律指数	B_{18} 信用信息系统指数

续表

一级指标	二级指标	
A₆ 保护少数投资者	B₁₉ 信息披露指数	B₂₀ 董事责任指数
	B₂₁ 股东诉讼便利指数	B₂₂ 股东权利保护指数
	B₂₃ 所有权和控制权保护指数	B₂₄ 公司透明度指数
A₇ 纳税	B₂₅ 公司纳税次数	B₂₆ 公司纳税所需时间
	B₂₇ 总税率	B₂₈ 税后实务流程指数
A₈ 跨境贸易	B₂₉ 出口报关单审查时间	B₃₀ 出口通关时间
	B₃₁ 出口报关单审查费用	B₃₂ 出口通关费用
	B₃₃ 进口报关单审查时间	B₃₄ 进口通关时间
	B₃₅ 进口报关单审查费用	B₃₆ 进口通关费用
A₉ 合同执行	B₃₇ 解决商业纠纷的时间	B₃₈ 解决商业纠纷的成本
	B₃₉ 司法程序的质量指数	
A₁₀ 破产办理	B₄₀ 回收率	B₄₁ 破产法律框架的保护指数
A₁₁ 劳动力市场监督	B₄₂ 就业监控灵活性	B₄₃ 工作质量控制方面的灵活性

资料来源：世界银行年度《营商环境报告》。

（3）东道国内部政局稳定性

东道国政局稳定性、执政党的执政时间、公众的话语权等都直接影响着东道国内部的地缘环境，国内政局越稳定，越有利于外资进入。与国内投资不同，"走出去"的文旅企业首先面临的是东道国陌生的环境，处理不好会对后续投资和经营活动产生巨大负面影响。为慎重起见，文旅企业在做投资决策时必须将东道国内部政局和市场的稳定性作为一大关键指标纳入决策模型。

（4）东道国资源禀赋

一般情况下，"走出去"的文旅企业在进行对外直接投资时倾向于选择文旅资源更为丰富的国家，以充分利用资源禀赋优势。但是，旅游资源丰富且经济发展水平较高的共建国家（如新加坡等）的文化、旅游资源开发程度也比较高，文旅业很发达，当地不乏经营水平较高兼具优质品牌效应的大型文旅企业。参与"一带一路"建设的文旅企业在这些国家进行投资必然面临全方位激烈的竞争。利弊权衡之下，只有那些文旅资源丰富且经济发展水平相对落后的共建国家（如中亚五国等），或者文旅资源较为丰富且由其他垄断性资源产业支撑的国家（如沙特阿拉伯等），文化、旅游资源开发程度相对较低，文旅业尚待进一步开发，文旅企业在这里投资才具有一定的竞争优势。

与此同时，企业还需要考虑根据资源禀赋选择投资方向的有效性。经济学理论认为存在"资源诅咒"效应，即：丰富的自然资源可能是经济发展的"诅咒"，大多数自然资源丰富的国家往往比那些资源稀缺的国家经济增长得更慢。曾小明等（2019）研究发现，资源禀赋对产业转移的影响显著为负，为"资源诅咒"效应提供了经验证据。因为自然资源丰富充足的国家和地区依靠自然资源禀赋就可以轻易得到源源不断的财富，从而减少了本国对外部投资的依赖。[①] 所以，参与"一带一路"建设的文旅企业在进行对外直接投资时必须警惕陷入"资源诅咒"的怪圈。

4. 行业因素对文旅企业投资战略的影响分析

（1）文旅产业的全球价值链地位

"一带一路"是促进中国和共建国家实现产业转移、优势互补和资源共享的重要途径。在全球化日益发展的进程中，中国拥有特殊的"枢纽"地位和作用，可以承接从发达国家转移而来的产业，经过适应调整之后继而进一步转移到其他发展中国家。目前，我国向共建"一带一路"国家的产业转移呈现出以下特征：转移规模大、国别差异大、行业差异大和产业类型多。转移产业类型十分齐全，包括劳动密集型产业、资本密集型产业和技术密集型产业。边际产业转移理论、雁阵模式及梯度转移理论等经典产业转移理论一致认为，产业一般会从价值链地位较高的经济体梯度转移到价值链地位较低的经济体梯度。这充分表明，我国参与"一带一路"建设并对外投资的企业

① 曾小明,刘友金,尹延钊.中国向"一带一路"国家产业转移的规模测算及影响机制研究[J].湖南科技大学学报(社会科学版),2019,22(02):68-75.

在全球价值链中占据较高的位次，能够直接影响其自身及其下游企业的投资战略。文旅业是一个综合性产业，它以第一、第二产业为依托，以第三产业中的服务业为主要发展范式。我国文旅企业在对共建国家进行文化、旅游投资及相关产业投资时，既要考虑东道国和我国文旅业相关产业在全球价值链中的地位，也要考虑中国与东道国的地理距离、东道国的投资环境等地缘因素，密切关注我国的产业变迁和转移动向。

（2）相关产业的发展现状

每一个产业都不是独立存在的，一个和谐、稳定、发展的经济体必须基于各产业的协调共生和稳定发展。从相关性角度来看，与文旅业相关的产业可以分为两类：一类是为文旅产业更好更快发展提供支持的相关产业，另一类是可以与旅游产业相结合，形成耦合、协同发展的相关产业。相关的支持产业发展态势良好，可以为文旅企业投资提供较好的发展基础；相关耦合产业发展态势良好，可以为文旅企业投资提供较好的发展前景。文旅业与以上二者协同发展、相辅相成，形成一个发展稳定、风险稳定的共生产业系统。所以，目标国文旅业及其相关产业的发展现状和发展前景直接影响着目标国的市场发展速度和规模，间接影响到我国文旅企业在目标国的投资。

5. 企业因素对文旅企业投资战略的影响分析

（1）东道国本土同行业企业概况

当我国文旅企业规划对某共建国家进行投资时，东道国本土文旅企业会直接影响其投资策略。当采取绿地投资方式时，投出国企业与东道国本土企业形成竞争关系；当采取跨国并购投资方式时，投出国企业会与东道国本土被并购企业形成合作关系，而与本土其他文旅企业形成竞争关系。受地缘因素和相关风险的影响，目标国本土企业之间有可能形成垄断、寡头和分散竞争等格局，这就要求我国投资企业在进入目标国市场前必须对该国同行业企业的情况深入调查研究，在具备一定竞争优势的前提下，积极利用目标国本土资源服务于自身海外投资战略，争取不断扩大市场份额。

（2）消费市场对产品的宽容度

对文旅产品消费市场来说，消费者对旅游、文化产品的宽容度和接受度共同决定着参与"一带一路"建设的投资企业的生存压力。而由种族、宗教、文化等地缘因素引起的风险（尤其是地缘政治风险）对消费者消费观念有着较大冲击，进而导致跨国公司经营活动和公司价值受到影响。因此，到国外经营文旅产品必须与当地消费者的消费观念和消费文化相契合。否则，一旦出现东道国消费者对外来文化的影响（侵入）较为排斥以至于市场对产品的接受度和宽容度均不高的情况，出国投资的企业就可能因此面临法律诉讼风险。此外，部分共建国家政府威信不高，市场经济的法治化根基不稳固，外来投资企业面临的诉讼风险很大，很容易陷入各种纷争和危机。面临这种境外投资环境，参与"一带一路"建设的文旅企业和其他企业务必要着力降低投资潜在风险水平，在评估风险水平时不仅要考虑财务因素，而且要考虑目标国消费者、消费观念等非财务因素。

6. 投资项目因素对文旅企业投资战略的影响分析

（1）投资项目引发的社会问题

不同类型项目面临的地缘因素不尽相同，对不同地缘风险的敏感度也有差别。因此，从具体项目角度探究其面临的特殊地缘因素与风险（地缘政治风险）十分必要。文旅产业投资项目具有建设周期长、资金回流慢等特点，容易引发投资国家或地区的社会问题，比如项目引发的土地征收、经济补偿、移民搬迁、宗教场所变更、劳工和生态破坏等问题。一旦投资项目引发的相关问题集中爆发，投资项目很可能被迫延期甚至叫停，从而给投资企业和东道国带来巨大损失。

（2）投资项目的战略意义

"一带一路"建设给中国企业海外投资带来巨大机遇。近年来，文旅全行业积极行动、顺势而为，在全球不断开展一系列富有成效的宣传推广活动，着力开拓新兴客源市场，丝绸之路文旅品牌影响力得到大幅提升。从战略层面看，对中国战略意义重大的项目往往具有更高的地缘敏感性，更容易遭到西方大国的战略围堵，东道国也有可能借机把项目工具化、政治化，从中渔利。从中国对外直接投资现金流量看，文旅业投资主要集中在住宿和餐饮业。虽然文旅业项目的政治敏感性可能低于基础设施建设类项目，但是在项目开发过程中也应该举一反三，积极主动地提高风险控制和应对能力，避免地缘因素与风险的干扰，深化文旅合作，充分发挥旅游业、文化业项目在"一带一路"中的建设性作用和战略引领作用。

综上所述，地缘因素与风险从宏观层次到微观层次通过地缘板块、东道国—投资国关系等六个层面共同影响参与"一带一路"建设的文旅企业的投资战略。"走出去"的文旅企业应当积极应对，在多维度、多主体、多因素和全方位的综合研究框架下研究地缘因素与风险对投资项目的系统影响，进而作出科学、有效和高质量的投资决策。

二、地缘因素对文旅企业投资的影响后果分析

中国企业在"走出去"的过程中常常处于不同文化的碰撞与冲突之中，势必受到东道国文化的影响，甚至制约。当中国文旅企业以各种投资方式进入东道国市场时，在投资决策过程中不仅要周密细致地研究财务因素，而且需要对地缘因素（比如东道国的文化环境、法律环境和社会治理等）进行深入的分析考察，注重投资活动完成后企业的整合、运营和企业文化的融合。极端情况下，投资企业还要做好投资失败的应对预案，避免其对企业相关业务的正常运营产生不利影响。

地缘因素与风险对文旅企业投资活动的影响是全方位的，而且后果往往很严重，尤以如下五个方面为甚。

（一）投资成本增加

基于地缘政治风险与投资相关性分析视角，刘文革等（2018）将地缘政治风险分为暴力型地缘政治风险和平和型地缘政治风险。其中，暴力型地缘

政治风险主要指由政权不稳定、战争冲突、民族矛盾和恐怖主义袭击等产生的不可避免且难以预测的投资风险；平和型地缘政治风险是指由政府效率低下、法制落后、腐败行为、市场监管不灵、进入门槛低和寻租效应等产生的需要花费额外的投资成本和精力予以弥补的一类投资风险[①]。暴力型地缘政治风险和平和型地缘政治风险通过影响对外投资的成本进而对企业的投资产生严重后果。其中，暴力型地缘政治风险影响对外投资的固定成本，而平和型地缘政治风险影响对外投资的可变成本。一般来说，暴力型地缘政治风险是显性的，由东道国脆弱的地缘局势引起，突发性显著，几乎不可避免且难以预测。一旦突发暴力型地缘政治风险，投资企业将面临巨大的损失且难以补救，不仅可能因此损失所有投资款，而且可能背负巨额债务。平和型地缘政治风险则是隐性的，可以作为一种制度失灵来研究。平和型地缘政治风险有两大诱因：一是由东道国营商环境较差所致。为克服这些障碍或降低其破坏力，投资企业需要在正常投资成本之外增加支出加以疏通，可能因此导致投资利润被大量侵蚀。二是由东道国政府的腐败行为和一系列政企合谋所致。在这种情形下，如果投资项目安排不合理且存在巨大的寻租空间，投机行为将极为盛行。若参与"一带一路"建设的文旅企业不慎或被迫在这里投资，其投资成本和后续运营成本将大大超出预期。

（二）投资风险增加

对"走出去"企业的境外投资项目来说，地缘因素与风险使其系统性风险和非系统性风险水平均有所提高。系统性风险主要包括政策风险、利率风险、购买力风险、地缘政治风险和市场风险等，对系统性风险的识别主要是对一个国家在一定时期内的宏观经济状况及地缘因素作出判断。中国企业对外直接投资的许多发展中国家和地区（尤其是中东和非洲地区）的地缘因素复杂，政局不稳，甚至存在爆发战争的风险。在某些大国干预下，这些国家

---

① 刘文革,周洋.地缘政治风险指数构建及其跨国比较[J].区域与全球发展,2018,2(02):5-29+154.

和地区地缘政治局势更加复杂。一旦东道国发生政局动荡，甚至战争，我国企业的投资将可能面临惨重损失。

非系统性风险是指对某个行业、某个企业或个别证券产生影响的风险，它通常由某一特殊因素引起。虽然引起非系统性风险的因素和事件具有非预期性和随机性，但是它只影响一家或少数公司，不会对整个市场产生太大的影响，这种风险可以通过多样化投资来分散，即：组合投资可以使发生于一家公司的不利事件被其他公司的有利事件抵消。对参与"一带一路"建设的企业来说，由地缘因素和风险引起的非系统性风险主要包括以下几点。第一，由于东道国之间在政治、经济、社会、文化和宗教领域的差异引起的风险。企业在海外投资交易过程中对收购对象的具体情况、市场变化和企业战略定位等方面信息的判断存在失误，从而导致企业的投资进程受阻甚至全面停摆。第二，因为有些东道国的贸易保护主义意识强烈，担心中国掠夺其自然资源，控制其经济命脉，所以在项目进行中故意排斥中国企业投资，导致我国部分企业的海外投资陷入困境。第三，行业特征引起的非系统性风险。文旅行业的投资项目通常具备投资周期较长、资金回笼较慢的特点，导致这些项目长期暴露在地缘因素与风险之中，容易受到突发因素的干扰和破坏。

（三）区位分布不合理

我国参与"一带一路"建设的企业选择对外直接投资区位可分成两种类型，即：市场寻求型和技术寻求型。一般来说，基于投资动机的文旅企业选择对外直接投资区位为市场寻求型。而我国企业市场寻求型的对外投资，根据投资规模又可以细分为两类：一类是中小型企业在东南亚、非洲开展的市场寻求型投资，这类投资的特点是数量多、金额小；另一类是大型企业在经济发展水平较高国家开展的市场寻求型投资，这类投资的特点是数量不多、单项金额大，对企业本身及我国市场寻求型对外投资的影响均较大。已有文献表明，企业对外投资区位选择考虑的因素主要有东道国目标市场规模、东道国法治水平、东道国技术水平、东道国贸易壁垒、与东道国之间的地理距离、东道国工资水平和东道国与中国的文化差异等。此外，企业以往的投资经验和当前市场的经营活动状况都会影响其对外投资决策。

目前，我国"走出去"的文旅企业在进行投资区位选择时具有一定的盲目性，比如投资大部分流向了东南亚和南亚等地区，其他地区则相对较少，区位投资流量严重失衡。为降低地缘因素与风险（尤其是地缘政治风险）对海外投资活动的负面影响，投出企业可以选择政治、法律、人文、旅游资源和基础设施都较优的国家或地区进行投资。这样决策的不足是，这些国家或地区的文旅市场通常已经为经营良好的文旅企业所占据，我国文旅企业或将面临较大的同业竞争压力。为尽可能规避恶性竞争，中国文旅企业跨国经营不仅应选择这些优越的投资区位，而且应当较多地使用收购方式，以直接或间接地获得优质文旅项目的控制权。此外，文旅企业在对这些目标投资项目进行投资时还应当注意投资时机的选择，以尽可能降低跨国并购成本。

（四）游客旅游安全受到威胁

参与"一带一路"建设的部分地区既是地缘因素复杂，夹杂着地缘冲突的热点地带，也是全球主要政治力量角逐的焦点区域，一些国家政局动荡趋于常态化，部分国家政局动荡所产生的"外溢效应"使我国文旅企业在对外投资过程中难以找到稳定的立足点。对文旅企业经营活动来说，安全是基础，而复杂的地缘因素与风险（尤其是地缘政治风险）的存在使游客的旅游安全受到威胁，这会对企业的投资产生不良影响。拟在相关国家进行投资的文旅企业必须给予足够的重视，并采取切实有效的防范和应对措施。

（五）投资者权益难以得到保障

部分共建"一带一路"国家营商环境较差，法系不一，与投资相关的法律体系不健全，缺乏有效的文旅市场监管政策与举措，文化和旅游市场混乱，欺客宰客、强制消费等文旅市场乱象层出不穷。在这些因素的共同作用下，文旅投资市场环境复杂多变，极其容易挫伤文旅投资者的信心。共建"一带一路"国家的税收制度也存在明显差异，文旅企业的投资面临重复征税的风险以及税收歧视问题。同时，一些国家可能存在资源开发以及用工等方面的限制条件，很容易形成项目顺利推进的重要阻碍。上述因素交织在一起，使海外文旅项目投资者面临较大风险，投资者权益难以得到有效保障。

第三节 地缘因素对文旅企业营运的影响及其后果

一、地缘因素对文旅企业营运的影响机制和路径分析

（一）营运活动理论基础

营运活动是指对企业经营过程的计划、组织、实施和控制，是与产品生产和服务创造密切相关的各项管理工作的总称。它是企业利润的来源之一，也是企业财务活动的关键一环。企业通过开展营运、筹资、投资和分配等活动实现价值的保值和增值。其中，企业的营运能力侧重衡量企业充分利用现有资源创造社会财富的能力，它可用来评价企业对拥有资源的利用程度和利用效率，主要表现为企业节约利用现有资源，以尽可能少的资本占用实现尽可能多的回报和尽可能快的资金周转。在开展营运活动过程中，企业应当关注营运活动的成本、效率和风险权衡问题，营运活动的稳定开展直接或间接关系到企业的长期可持续发展。国内外长期财务管理实践表明，营运活动始终是企业管理人员开展财务管理工作时重点关注的内容之一。

在企业对营运活动的管理和控制工作中，营运资金管理是其中重要一环。国外对营运资金管理的研究起步较早，而我国起步则相对较晚。20世纪90年代以后，我国才开展对营运资金管理的研究。这是由历史原因造成的，我国1993年才实行与国际惯例接轨的会计制度，营运资金随之才作为一个财务概念引入我国。国内外对营运资金管理的研究均经历了由片面到全面，由割裂到联系，以及由简单到复杂的发展历程。最初，国内外学者对营运资

金管理的研究主要是关注各个财务项目的优劣；后来，研究人员才开始将营运资金作为一个整体进行研究；逐渐地，国内外学者开始从全局和战略视角出发，将营运资金管理与企业战略、企业业务管理结合起来，也就是将战略财务管理、供应链管理、渠道关系管理和客户关系管理等现代管理的理念与方法融入营运资金的管理研究之中。学界一般认为，企业用于指导、控制营运活动开展的理论基础主要有如下三种。

1. 能量释放理论

1961 年吉布森正式提出了能量释放理论。该理论认为，人与资产均可以被看作结构物，在解体之前都有一个承受期限，一旦能量失控超过此极限，事故即发生。基于以上观点，他提出识别能量非正常释放的本质原因，并认为改变经济体和资产的状态就可以有效地规避风险，实现正常发展；他还归纳出控制能量的集中、防止能量的释放等十种控制能量破坏性释放的措施。

随着市场竞争环境加剧变化，经济活动日趋复杂化，企业在进行各项财务活动时面临的风险等级都在逐渐提高。能量释放理论为企业如何面对风险提供了理论基础：一方面，企业在进行营运活动和投资活动前都应当对项目风险和自身的风险承担能力做出合理预判，力求选择最优项目；另一方面，企业应当建立健全风险识别和应对机制，规范内部控制体系和财务流程，利用完善的内部控制制度来规避风险。

2. 多米诺骨牌理论

根据多米诺骨牌理论，伤亡事故的发生是一连串事件按一定顺序互为因果依次发生的结果。这些事件犹如五块平行摆放的骨牌，第一块倒下就引起后面的骨牌连锁式倒下。如图 4-6 所示，这五块牌依次是：M——人体本身（受社会环境和管理因素影响）；P——按人的意志进行的动作（指人的过失）；H——人的不安全行为和物的不安全状态引起的危险性；D——发生事故；A——受到伤害。

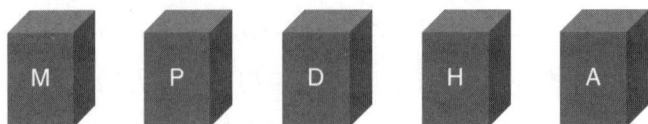

M——人体本身；　　P——按人的意志进行的动作；　　D——发生事故；
H——人的不安全行为和物的不安全状态引起的危险性；　　A——受到伤害

图 4-6　多米诺骨牌理论图解

多米诺骨牌理论被广泛运用于金融、证券和保险等传统行业中。该理论指出，事故遵循"M—P—D—H—A"的顺序发生，只要使中间步骤停止，就会像抽掉了中间一块骨牌的多米诺骨牌墙那样终止倒塌，事故也就不会发生，因而预防风险的努力是有意义的。该理论进一步强调，风险因素、风险事件和风险结果之所以相继发生，主要原因是人的错误行为诱导。

多米诺骨牌理论可运用于分析"一带一路"倡议下企业经营和财务活动。虽然参与"一带一路"建设的文旅企业无法避免地要在风险较高的海外市场开展经营活动，但是只要能在风险发生前采取科学合理的预防、应对和控制措施，截断中间环节或步骤，就可以有效预防或规避风险的发生，至少会降低风险发生的概率，尽可能降低风险造成的损失。

3. 信息不对称理论

信息不对称理论是由三位美国经济学家——约瑟夫·斯蒂格利茨、乔治·阿克尔洛夫和迈克尔·斯彭斯提出的。该理论认为，市场中卖方比买方更了解有关商品的各种信息；掌握更多信息的一方可以通过向信息更少的一方传递可靠信息而在市场中获益；买卖双方中处于信息劣势的一方也会努力从另一方获取信息。该理论为市场经济研究提供了一个全新的视角，也充分说明了信息的重要性。市场中，人们会因获得信息的渠道以及获得信息含量等因素的不同而承担不同水平的风险。

信息不对称理论为企业开展各项财务活动提供了理论基础，也常常被人们用于企业营运活动过程的计划、组织、实施和控制等财务实践。市场经济条件下信息不对称现象始终存在，这就提醒企业要及时掌握充分的信息，降低企业与市场间的信息不对称水平，科学决策，千方百计采取措施加快企业发展。

（二）营运能力分析框架

企业营运能力分析就是通过对反映企业资产营运效率与效益的指标进行计算与分析，评价企业的营运能力，为企业提高经济效益指明方向。在企业的营运活动中，充足的营运资金是基础和保障，编制科学、适用的营运资金方案是营运活动工作重心之一。通过对企业的营运能力进行分析，可以正确评价企业现有营运效率并及时发现问题和尚需改进的工作环节。此外，营运能力分析也是盈利能力分析和偿债能力分析的重要基础与补充。

对企业营运资金的质量特征进行分析是分析企业营运能力的重要组成部分，根据营运资金管理的分析框架开展营运能力分析可以较为有序、完整和全面地对企业的营运能力进行评价。

1. 对各个资产项目营运能力的分析

根据流动性，一般将企业资产分为流动资产和非流动资产。其中，营运资金是流动资产减去流动负债的余额，是指企业在经营中可运用、周转的流动资金净额。营运资金具有流动性大、变化快、周转性强和来源较多等特点。营运资金的使用贯穿于企业经营活动的各个环节。营运资金管理包括流动资产管理、流动负债管理以及二者的匹配管理。下面结合营运资金的主要组成要素（存货、应收账款和现金），对部分单项资产项目营运能力分别进行分析。

（1）存货周转能力分析

存货周转能力用存货周转率指标加以反映，它是指企业在一定时期内存货占用资金可周转的次数，或存货每周转一次所需要的天数。存货周转率指标有存货周转次数和存货周转天数两种表现形式：

存货周转次数 = 销售成本 ÷ 平均存货

其中：平均存货 =（期初存货 + 期末存货）÷2

存货周转天数 = 计算期天数 ÷ 存货周转次数

= 计算期天数 × 平均存货 ÷ 销售成本

存货周转次数和周转天数实质上是相通的，只是表现形式不同。影响存货周转率的因素有很多，其中影响较大的因素为材料周转率、在产品周转率和产成品周转率。通过不同时期存货周转率的比较，可以评价企业存货管理水平，识别出存货使用效果变动的原因，优化存货管理，不断提高存货管理水平。

（2）应收账款周转能力分析

一般地，主要通过对应收账款周转率的计算与分析方法开展应收账款周转能力分析。实际上，应收账款周转天数也能表征企业应收账款周转能力。

应收账款周转率 = 赊销收入净额 ÷ 应收账款平均余额

其中：

赊销收入净额 = 销售收入 − 现销收入 − 销售退回、销售折让和销售折扣

应收账款平均余额 =（期初应收账款 + 期末应收账款）÷2

其中，期初、期末应收账款均为未扣除坏账准备的应收账款余额。

应收账款周转率可以用来估计应收账款变现的速度和管理的效率。企业的应收账款周转越快，资金使用越节约，同时能在一定程度上说明企业的信用状况良好，在市场上具有较强的议价能力。

（3）营业周期分析

营业周期是指从取得存货开始到销售存货并收回现金为止的这段时间。营业周期的长短取决于存货周转天数和应收账款周转天数。营业周期的计算公式如下：

营业周期 = 存货周转天数 + 应收账款周转天数

一般情况下，营业周期越短，说明资金周转速度越快，管理效率越高，资产的流动性越强，资产的风险越低；反之，营业周期越长，说明资金周转速度越慢，管理效率越低，资产的流动性越弱，资产的风险越高。因此，分析研究企业营业周期变动的内在逻辑，并探寻缩短营业周期的具体举措，对

于加强企业资产管理具有重要意义。

2. 对全部资产营运能力的分析

企业全部资产营运能力，主要是指其投入或使用全部资产取得产出的能力，反映企业全部资产管理的效率。企业的总产出水平从生产能力角度考虑，可用总产值表示；从满足社会需要角度考虑，可用总收入表示。因此，反映全部资产营运能力的指标主要包括全部资产产值率、全部资产收入率和全部资产周转率。

全部资产产值率 ＝ 总产值 ÷ 平均总资产 ×100%

该指标反映了总产值与总资产之间的关系。一般情况下，该指标值越高，说明企业资产的投入产出效率越高，企业全部资产运营状况越好。

全部资产收入率 ＝ 总收入 ÷ 平均总资产 ×100%

该指标反映了企业收入与资产占用之间的关系。通常，全部资产收入率越高，反映企业全部资产营运能力越强、营运效率越高。该指标比全部资产产值率更能准确地反映企业全部资产的营运能力。

全部资产周转率 ＝ 总周转额（总收入） ÷ 平均总资产

企业流动资产所占比例越大，总资产周转速度越快，反之则越慢。

3. 融入现代渠道关系管理概念的企业营运能力分析

以上关于企业营运能力的分析方法过于单一、简单和片面，分析指标与业务流程相脱节。从系统论的观点来看，系统各部分的最优，未必是系统总体的最优。随着供应链管理、渠道关系管理和客户关系管理等理论的发展和完善，我们可以将其融入营运资金的管理研究之中，从而构建一个各环节联系更为紧密、分析更为全面的营运能力管理框架。

具体地说，融入现代渠道关系管理的企业营运能力分析框架可以从营销渠道、生产渠道和采购渠道三个角度进行分析。

首先，从营销渠道角度分析企业营运能力。第一，良好的客户关系管理能力可以提高企业的营运能力。作为企业的软优势，良好的客户关系管理能力可以使企业发现或开发更优质的客户群体以形成企业的核心竞争力，从而制定有效的市场竞争策略；可以使企业形成良好持久的合作伙伴关系网络，缩短企业资金回收期，加速企业资金运转，进而可以使企业树立优质品牌效应，实现企业提高产品质量、降低产品成本的目标。企业应当将客户关系资产作为自身的一项重要资产，并运用适当的方法和工具对其进行管理和维护。第二，企业的销售方式也影响企业的营运能力。一般来说，企业的销售方式主要包括现销、预售和赊销，现销方式的主要特征是应计现金流量和实际现金流量相吻合，预售方式的主要特征是企业可以利用自身的品牌优势提前占用对方资金，且资金占用成本较低，相当于获得免息贷款，偿还方式也较为安全。因此，现销和预售都是对企业营运能力较为有利的销售方式，但是在激烈的市场竞争环境中，企业通常会采用赊销的方式来刺激消费者购买力，提高产品市场占有率。赊销的主要弊端是应收账款拖欠和不断累积，发生坏账损失的概率大增，同时应收账款无法参与企业的资金周转。从成本角度看，因赊销占用的这部分资金不仅无法为企业创造新的价值，形成机会成本，还要使企业为之付出一定的管理费用。第三，企业的信用政策也能影响企业的营运能力。信用政策是指企业为对应收账款进行管理和控制而确立的基本原则性财务规范，是企业财务政策的一个重要组成部分。制定信用政策的主要目的是调节企业应收账款的水平和质量，降低坏账损失。如果企业的信用政策较为宽松，销售收入和应收账款将迅速大幅增长，但是坏账损失也可能同时迅速攀升；如果企业从严制定信用政策，一方面会减少坏账损失，降低应收账款的机会成本，另一方面会抑制企业商品销售和扩大市场占有率。所以，企业应当在生命周期不同阶段采取不同的信用政策，从而确保其营运能力始终处于高位。

其次，从生产渠道角度分析企业营运能力。第一，企业是否具备协调和完整的价值链系统也直接影响其营运能力。依靠上下游企业之间纵向渠道关系的有效管理，将单个企业的业务流程纳入企业间的业务交互系统之中，从销售需求预测到采购溯源，从生产制造到运输交付，形成一个完整的价值链，使单个企业可以对其生产成本、库存和订单等作业进行可视化管理，并根据实时数据做出科学、技术的分析和决定。第二,企业的生产技术水平影响企业的营运能力。科学技术水平直接影响企业的产品质量和生产效率,新生产技术的运用不仅可以大大节约企业的生产资金,还可以使企业产品在市场上具备较强的议价能力。但是,目前很多中小企业对新生产技术的重要性认识依然不足。

最后,从采购渠道角度分析企业营运能力。短期内,企业应当注重降低整个供应链的成本,主要包括降低原材料成本、运输成本和时间成本;长期看,企业应当注重与供应商之间建立一种以合作和信任为基础的战略合作伙伴关系,降低长期平均成本。

应当指出的是,提升企业的营运能力需要充分发挥多种资源优势,特别是科学技术优势。企业必须十分重视科学技术在营运活动中的运用,将信息技术广泛运用于企业财务管理,充分释放科技进步红利。所以,在进行企业营运能力分析时,应当将科技进步因素纳入分析框架。

必须注意,当企业进行海外投资时,不同消费者市场差异显著,反映各项活动的指标也会有较大差异。因此,在根据各项财务指标评价企业的营运能力时,应当参照东道国行业平均水平或目标市场实际行情来判断该指标的高低和适当与否。

(三)文旅企业营运活动特征分析

在营运活动方面,文旅企业与制造业等其他行业企业大不相同。根据资产结构,文旅行业的运营模式可分为轻资产型和重资产型两类。只有着重分析文旅企业营运活动的具体特点,找到文旅企业在开展营运活动时的一般风险和特别风险,才有可能为其更好地规避风险提供有效的对策与建议。

1. 多元化的运营模式

国内文旅业龙头企业主要包括中国国旅、中青旅、携程、华侨城和首旅集团等。这些大型的文旅企业(企业集团)采取的运营模式各不相同,并普遍将电子信息技术充分运用于企业运营活动中。其中，携程将电子信息技术与传统旅游业务相结合，收购了国内最大的订房中心和北京最大的票务中心。2004年年初，携程又将业务范围拓展到具有较高利润的出境旅游市场。成功实现业务转型后，携程成为中国旅游业第一家在美国纳斯达克上市（2003年）的公司。目前，携程的运营模式已经转变为以"平台化生态＋全渠道服务"为核心，通过多维度构建其商业闭环。中青旅设立单独的旅游电子商务公司来推出青旅在线，继而成立青旅在线所属的票务中心和酒店预订中心，以统筹标准化程度较高的酒店预订、机票配送等业务。同时，青旅在线还结合自身经营优势和网络特点，独立开发出"机票＋酒店"、旅游自助行线路等适合网上销售的产品，成功将电子信息技术与新型旅游业务结合起来。目前，旅游电子商务的模式日趋多元化，并在与传统旅游业务融合的过程中日趋便利。

2. 营运活动开展具有一定风险性

在经营环境越发复杂多变的情况下，企业开展经营活动面临的风险更加难以预测和更具破坏性。对文旅企业来说，营运活动的风险等级不仅受到公司内部各部门和供应链各环节的影响，也受到当地政治环境、文化环境、市场环境和法律环境的影响。所以，文旅企业只有重视经营风险的分析、防范和应对，才有可能在复杂多变的市场环境中做到防患于未然，确保营运活动的正常开展，取得预期的经济效益和促进自身的持续健康发展。

文旅企业内部风险主要包括：（1）决策风险。决策风险在每个管理层级都有可能发生，但企业不同管理层级的决策风险影响大小不同。一般情况下，越是上层的决策，影响越深远，其风险等级越高。（2）财务风险。营运资金周转顺畅和存量充足是企业正常顺利开展营运活动的前提和关键因素之一。文旅企业对流动资金的需求较大。分析各个大型旅游集团的财务报表可以发现，流动资产在总资产中所占份额均较大。但是，从财务管理角度来看，较大数量流动资金占用意味着承担较大的机会成本。因此，文旅企业应当科学管理和配置营运资金，既需要保持安全水平的流动资金，也需要将安全水平以外的流动资金用于短期投资。此外，在面临资金不足困境时，企业也应当具备可以及时从各资金渠道筹措充足资金的能力，以支持企业经营活动的顺利、持续开展。对外直接投资的文旅企业应当充分利用社会和政府融资渠道以支持企业的生存和发展。（3）质量风险。文旅企业是以文化和旅游资源为依托，以有形的空间设备、产品和无形的服务为支撑，提供文旅消费服务的独立核算经济单位。文旅企业的服务质量直接决定了消费者的消费体验和满意度，进而影响其在市场上的企业形象。文旅企业的服务质量主要可以分为技术性服务质量和功能性服务质量，技术性服务质量是指文旅服务结果的质量，即：文旅企业提供的服务项目、服务时间和设施设备等满足消费者需求的程度；功能性服务质量是指文旅服务过程的质量，即：文旅服务过程中与消费者发生的互动关系，进而影响消费者感知的服务质量。文旅企业服务质量影响其品牌形象的传导路径见图4-7。

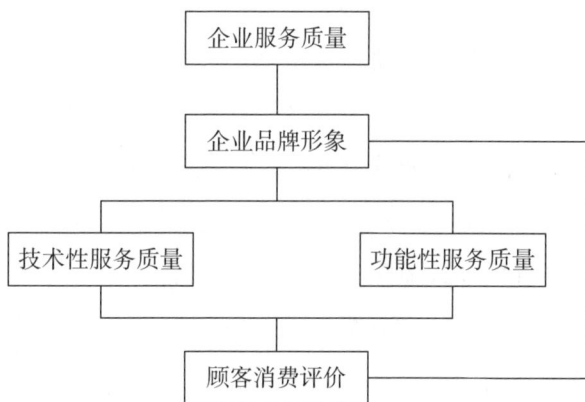

图4-7 文旅企业服务质量对顾客消费评价影响传导路径

文旅企业外部风险主要包括：（1）市场风险。文旅市场竞争激烈，各种运营模式下的文旅企业数量众多。在竞争日趋激烈的市场环境中，各个文旅企业只有通过树立自己的品牌优势，不断深入挖掘开发自身核心竞争力，才有可能不断扩大市场占有率。（2）地缘因素风险。近几年国际政治格局发生较大变化，不确定性和不稳定性在增加和累积，对全球旅游业发展产生严重冲击。尤其对进行对外直接投资的旅游企业来说，拟投资目标国家或地区的政治环境对其开展经营活动的影响更大。一旦这些国家或地区处于政府更迭或武装冲突等动荡状态，外资企业在当地开展的投资和经营活动极有可能直接停摆，乃至毁损，因此遭受无法估量的巨大损失。（3）制度障碍。制度障碍主要包括产业政策管制、产业管理管制和市场垄断结构，等等。当企业试图对目标国家或地区文旅项目进行直接投资以开拓海外市场时，它们极有可能遭到当地文旅企业或消费者市场的拒绝，甚至面临种种制度障碍，因而无法在当地立足。为了克服这些障碍，文旅企业通常必须付出较大成本，旷日持久地与东道国的方方面面接洽、谈判，千方百计地寻找和拓展投资与经营活动的空间。这样做的一个显著负面效应是耗费巨大，可能影响到投资和运营目标的实现。为此，这些企业不得不反复权衡成本与收益，以确定投资项目并加以持久运营的可行性。

3. 对外部环境较为敏感

首先，文旅活动的异地性使其本身会受到多种地缘因素的影响，所以文旅企业的经营活动对外部环境较为敏感，一旦经营活动开展地区的外部环境发生显著负面变化，文旅企业的经营活动会受到较大程度的冲击，经营业绩将显著下滑，甚至出现业绩"变脸"。其次，文旅企业对外直接投资时，信息不对称使其对目标国家或地区的环境变化不敏感。最后，文旅企业开展经营活动时所依赖的外部自然环境变化可预见性较弱。这些不利因素警示文旅企业，在境外开展经营活动时必须密切关注外部环境，适时采取积极应对措施，降低系统性风险可能带来的损失。

4. 经营活动的关联性和竞争性

一方面，文旅企业以消费者的旅行、游览和文化体验等活动为指向提供服务。在具体经营安排上，文旅企业往往不是独立为顾客提供全部旅游、文化服务，而是与其他企业分工协作完成。所以，文旅企业之间的经营合作联系常常较为紧密，需要文旅企业间的有效通力协作，不同类型的文旅企业分别在旅游、文化等活动的不同环节为消费者提供服务。在为消费者提供服务的过程中,各种类型的文旅企业间相互协作,形成一条完整的服务链和产业链,文旅企业间的关联性因此体现得淋漓尽致。另一方面,由于一定时期文旅市场客源的有限性和文旅企业设施设备的不可储存性,提供同一类型服务的文旅企业之间由于经营业务的高度相似或类同,也会形成激烈的竞争关系。

(四)地缘因素与风险对文旅企业营运的影响因素分析

参与"一带一路"建设的文旅企业在制定提高市场占有率的战略规划时,应当审慎选择对外投资的目标国家或地区。最优投资方案确定以后,企业在开展经营活动过程中仍然应当全面监控地缘因素与风险对企业日常营运活动的影响和干扰,严防地缘因素引发的相关风险集中爆发对企业生产经营造成的毁灭性打击。自从"一带一路"倡议提出并付诸实施以来,中国企业海外投资遭遇失败的案例很多,其中相当一部分是由地缘因素引发风险(特别是地缘政治风险)等非商业因素所致。因此,为预防此类事件再次发生,文旅企业必须全面分析地缘因素与风险对文旅企业营运活动的影响路径与机制,做好应对地缘因素与风险突发的预案和措施。针对地缘因素与风险对文旅企业营运的影响,重点考虑如下六个因素。

1. 政治风险

国际投资中的政治风险相当于本书地缘因素概念的子集,具体指由政治因素(如战争、恐怖活动、政府变化和第三国干预等)引起的不连续性出现于商业环境中,导致国际投资项目的利润潜力或资产损失。政治风险对文旅企业的影响体现在财务活动的各个环节中,就文旅企业营运活动而言,共建"一带一路"国家旅游和文化自然资源都非常丰富,但是很多是"资源诅咒"国家,这就对文旅企业营运活动的正常开展形成巨大挑战。如果在文旅企业营运活动开展过程中,东道国(地区)发生政治局势恶化事件,那么这些企业面临的社会环境已经不能满足文旅活动开展的前提条件了,其营运活动可能被迫暂停或取消。出现这种情况后果将相当严重,会直接影响这些文旅企业在东道国（地区）的品牌形象，对其今后继续开拓海外市场也将造成严重的不利影响。

2. 人力资本挑战

近年来，文旅业逐渐成为共建"一带一路"中重要的战略性、支柱性和综合性产业。作为现代服务业实体，文旅企业最大的特点就是其产出以产品或服务的形式呈现出来，而人才被看作其提供服务的关键所在，也是连接顾客和企业的接口，其重要性不言而喻。相关实证研究表明，人力资本对文旅上市公司的综合绩效有显著的正向影响。

我国对外直接投资的文旅企业海外人才布局始终面临三大挑战：一是难以触及高级别海外人才，二是缺乏找到合适候选人的渠道，三是缺乏全球范围内的雇主品牌认知度。海外人才布局是中国文旅企业能否成功走向国际市场的关键。但是，当前中国企业参与人才全球化进程还不深入，与国外投资目的地人力市场的深度融合将成为中国企业成功走向海外，适应人才多元化和本地化的必经之路，"一带一路"文旅企业应当在这方面投入更多力量。

文旅企业在海外市场的发展依托于东道国（地区）的自然资源和社会文化，所以与东道国（地区）人才市场深度有机融合是文旅企业高效节约海外市场开发成本和树立企业品牌形象的关键。此外，文旅企业在海外市场营运过程中，地缘因素诱发风险的爆发可能直接导致企业人力资本结构的失衡（比如当地人力资本市场自发形成的罢工，高端人才流失等），进而影响企业营运活动的正常开展。这些时候都需要适合的人才积极参与调研、协调和危机管理。因此，"一带一路"文旅企业应当未雨绸缪，在确保维持企业正常运转所需人力资源供给的情况下，深挖东道国本土化人才资源，打造多元化人才战略。

3. 外部市场环境的不确定性

从全球范围来看，随着全球化和地区一体化的持续深入发展，国家与区域之间围绕产品市场、人力资源、资源供应和资金技术流向等形成的竞争、合作与结盟关系构成了一个巨大的地缘经济环境。各个国家可以在这个开放、多元、复杂而动态变化的地缘经济空间中依托所有可触的自然资源和多样的市场需求扩大自己的市场份额，进而形成自己的竞争优势。基于这个逻辑，当前的地缘经济环境可以为我国参与"一带一路"建设的文旅企业的市场拓展活动助力。但是，从另一个角度来看，地缘经济环境中各个国家和地区的实力对比正在悄悄地发生变化、转换，导致当前的地缘经济格局甚至地缘政治格局正在不断发生改变。同时，受外部其他地缘板块干扰和一些大国的干预，"一带一路"的地缘环境和发展动向正在发生变化。这种变化不仅给共建国家企业的跨国经营带来难得的机遇，也带来了新的挑战，由此可能导致外部消费者市场需求和供给方面的不确定性增加，从而给文旅企业营运活动带来不良影响。

4. 寻求文化理念认同

文旅企业进行海外市场推广的前提条件是其产品要与当地的风俗文化理念相融合，比如东南亚、中亚等地区的很多国家宗教信仰强烈，设计开发的文旅产品应当获得东道国或地区的文化认同。作为"一带一路"建设的重要目标之一，民心相通既有助于促进"走出去"的企业与当地人民有效融合与沟通，又有助于提升投资项目所在地区对项目的接受度和对开发商的信任度，这些对于"走出去"的旅游企业吸引私人资本和国际融资而言至关重要。

5. 风险敏感性不强

在建立风险管理体系时，文旅企业应当将风险管理的思想充分融入财务活动的各个环节。在营运阶段，企业应该时刻关注相关国家政策的变动与国际局势并及时作出反应，必要时可以使用保险机构和风险管理机构的风险保障产品以规避风险损失，保持高度的风险敏感性，减少后顾之忧。但是，对在共建国家进行海外直接投资的文旅企业而言，不断变化的地缘因素和陌生的异域文化、法律环境时刻都对企业的风险管理活动提出挑战，可能导致企业对风险不敏感，因而疏于采取有效防范风险措施，其后果将十分严重。

6. 合作保护机制不健全

由于地缘因素与风险及共建"一带一路"国家国情的复杂性，目前中国与部分共建国家之间的双边和多边保护机制尚不健全，这些因素容易导致"走出去"的中国文旅企业不能及时有效地处理营运过程中出现的问题。鉴于各国的国情复杂、法制完善程度和法制标准的差异性较大，我们应当进一步开展深入调查研究，在充分考虑东道国国情的基础上，综合运用政策协商、外交保护和法律仲裁等手段，建立一套多元化的争端解决机制，以保证在争端发生时，能够快速、高效、低成本地解决纠纷，推动相关合作的良性开展。

二、地缘因素对文旅企业营运的影响后果分析

在"一带一路"企业财务活动风险体系中，地缘因素引发的风险（特别是地缘政治风险）具有爆发突然、辐射范围较广、杀伤力较大和风险形势错综复杂等特点。因此，在开展财务活动时，企业应当格外重视对地缘因素引发风险的防范和应对。本节着重分析地缘因素与风险影响文旅企业营运活动的严重后果。

（一）造成营运活动的高成本和低效率

地缘因素引发风险的集中爆发不仅影响企业具体营运活动的正常开展，而且通过一定的途径影响到企业营运活动的成本与效率。在地缘因素引发相关风险（特别是地缘政治风险）时，外部市场环境不确定性较强，企业的生存空间相对狭小，只能被动地采取防守型战略来加以适应，而企业经营的能动性几乎无法充分发挥。换句话说，在地缘因素突然引发巨大风险时，企业只能被动地改变现有的营运策略，或者放弃正在执行的最优营运策略，或者转而采取其他的营运策略。这会增加企业的沉没成本和决策成本，也会大大

降低营运活动效率。

（二）增加营运风险诱发因素

地缘因素引发的风险在宏观、中观和微观层面表现出不同的特征，既能在不同程度影响或重塑地缘（政治）格局，也能对微观企业产生实质具体的影响。地缘因素引发的风险（特别是地缘政治风险）会对文旅企业营运活动的正常开展产生巨大阻力，进而诱发企业营运风险。这些企业往往面临营运资金不足和资金周转放缓的压力，其财务成果和财务状况最终都会受到严重影响。

1.现金管理风险

现金是企业各类资产中变现能力最强的非营利性资产。现金管理风险主要包括现金流失风险、现金占用风险和现金贬值风险。其中，现金流失风险主要指风险爆发使企业投资项目停摆或经营不善导致企业的投资项目资金有去无回而造成的资金损失；现金占用风险主要是指行为冒进的企业将较高比例的现金进行投资以获得投资收益，但是此举严重影响了企业资金的流动性，有可能使企业面临支付危机；现金贬值风险主要是指风险爆发使资金低效运行，资金调剂不够合理，保障重点不突出，时效性较差或资金利用率较低，因而造成企业投资项目各单元资金分配不合理，使企业面临经济损失的风险。

2.应收账款风险

应收账款是指企业在激烈的市场竞争环境中为了促进销售和扩大市场占有率而常用的一种商业工具。如果企业在地缘因素诱发风险频繁爆发和市场疲软时通过实行宽松化的信用政策以维持企业销量，势必会导致应收账款水平居高不下，势必给企业带来较高的应收账款风险，具体表现有：第一，应收账款成本增加。如果企业在赊销过程中采用过于宽松的信用政策盲目赊销，并因此造成应收账款失控，那么势必会造成坏账比例上升，形成过高的坏账成本，相应地还会增加应收账款机会成本和应收账款管理成本。第二，虚增资产和利润。大量的应收账款不仅会虚增账面上的资产和销售收入，在一定程度上夸大企业的经营成果，而且可能会因多交企业所得税造成额外现金流出企业。按照企业会计准则，企业要根据经营成果（即利润）计算应纳所得税额，而交纳所得税必须按时以现金或银行存款支付，这使企业不得不运用有限的流动资金来垫付各种税金和费用，从而加速现金流出企业，致使企业财务风险水平升高。

3. 存货风险

地缘因素诱发风险发生意味着局部乃至更大范围市场环境恶化，企业经营活动受阻。对文旅企业而言，这将意味着各类文旅产品严重滞销，存货占用资金增多，存货持有成本急剧上升。此外，文旅产品多为服务类产品，可能会因为地缘因素诱发风险导致文旅企业提供旅游和文化服务活动被迫中断，导致违约，最终遭受巨额赔偿和法律诉讼。

（三）企业成长性受阻

企业成长性建立在企业持续经营的基础上，以企业价值增长为最终目标，代表着企业生存能力的由弱到强。企业成长和发展的外在表现是企业规模的由小到大，内在表现是企业价值的提高。企业的成长和发展以企业经营效率和盈利能力的提高为前提，在消耗既定资源的基础上企业提高产品产出效率，或者在产出一定的基础上降低资源消耗，进而增加收入和利润。研究文旅企业成长性可参照张春晖等（2010）构建的公司成长性评价指标体系（见图4-8）。它是运用突变级数法，利用财务信息，从发展能力、盈利能力、资产运营能力和现金实力四个方面构建旅游上市公司成长性评价指标体系。[①]

---

① 张春晖,张红.基于突变级数法的我国旅游上市公司成长性评价研究[J].旅游学刊,2010,25(07):19-27.

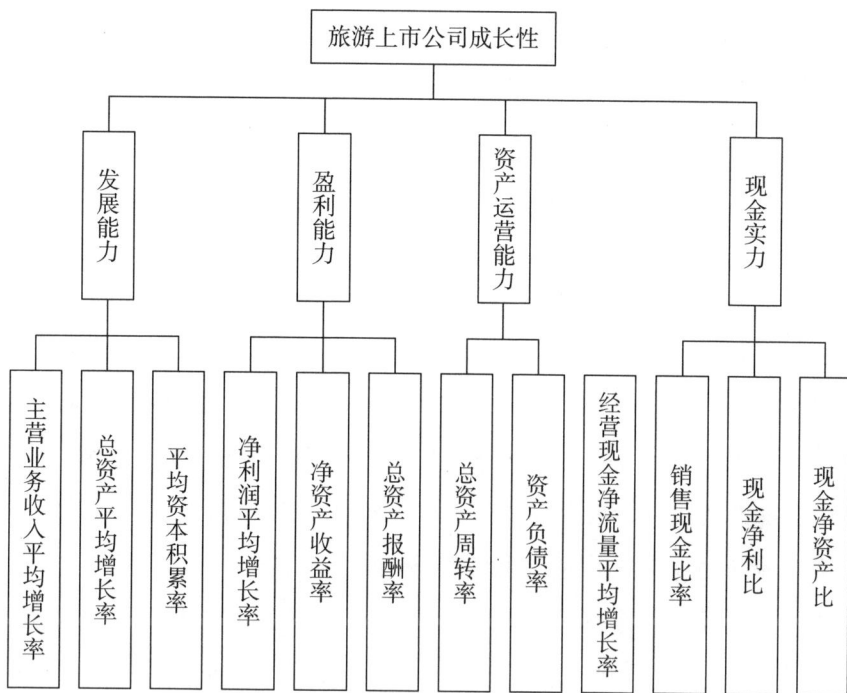

图4-8 旅游上市公司成长性评价指标体系

地缘因素诱发风险会对文旅企业成长能力提升造成阻碍，比如导致资源约束和组织约束，等等。一般地，企业的成长要受到它所能够支配的资源供给的约束。地缘因素诱发风险时，文旅企业赖以生存的实物资产资源和人力资源的供给可能会受到严重影响甚至中断，企业的成长和发展也将因此受阻、停顿或中止。同样，地缘因素诱发风险对消费者市场的负面影响也可能会使企业的资金运转不灵，进而影响企业的经营活动、融资条件和项目规模，等等。此外，地缘因素诱发风险还可能会使企业人力资源的质量降低，进而影响企业阶段性战略目标的达成。上述分析揭示了地缘因素诱发风险通过影响营运活动，进而影响企业成长性的作用路径。

制度经济学的代表人物威廉姆森从另一个视角出发研究企业成长性，他认为，企业的成长是对管理约束的突破，管理制度的创新（如M型组织结构）与信息工具的利用可以促进企业有效地成长，企业组织结构安排必须与企业战略相适应。因为地缘因素诱发风险的突然爆发必然会对企业的组织结构和企业战略产生影响，最终对企业成长性产生影响。有研究者发现，风险水平越高的企业成长能力越弱，地缘因素诱发风险也可能会通过提升企业的营运活动风险等级进而影响企业的成长能力。

（四）业绩评价体系受到干扰

因为经营业绩反映了企业经营活动的最终成果，体现了企业的综合实力，也是企业各利益相关者作出决策的基本依据，所以业绩评价问题越来越受到企业重视。对企业经营业绩进行客观、公正和科学的评价，既可以总结企业过去的经营成果，也可以预测企业未来的发展潜力，无疑对优化投资者的投资决策和加强企业的内部管理都大有裨益。作为"一带一路"中的重要产业，文旅业具有独特的行业特征（比如资源垄断性强、带动系数大和投资回收期长，等等），构建科学、合理的文旅业业绩评价体系具有重要的战略指导意义和实际应用价值。赵娜（2010）曾在对业绩评价理论进行系统梳理的基础上，选取了我国19家旅游上市公司作为研究对象，从企业的盈利能力、营运能力、偿债能力、成长能力及现金保障能力5个方面，筛选了13项财务指标，综合构建了一套旅游上市公司业绩评价指标体系，详见表4-6。[①]笔者认为，该评价体系对文化企业业绩评价也基本适用。

表4-6 旅游上市公司业绩评价指标体系

类别	指标名称	指标性质
盈利能力	净利润率	正指标
	净资产收益率	正指标
	每股收益	正指标
营运能力	总资产周转率	正指标
	存货周转率	正指标

---

① 赵娜.旅游上市公司业绩评价研究[D].江南大学,2010.

续表

类别	指标名称	指标性质
偿债能力	资产负债率	适度指标
	流动比率	适度指标
	速动比率	适度指标
成长能力	总资产增长率	正指标
	营业收入增长率	正指标
	净利润增长率	正指标
现金保障能力	每股经营现金含量	正指标
	主营收入现金含量	正指标

当地缘因素诱发风险突然爆发时，企业的业绩评价体系运用可能会受到影响，因为企业的营运能力、盈利能力、偿债能力、成长能力和现金保障能力等指标均可能直接呈现断崖式下降，难以作趋势分析。而且，该业绩评价指标体系的财务指标多反映短期财务成果，容易助长企业管理者急功近利思想和诱导其采取短视经营行为。所幸的是，上述财务指标的这种异常下降通常是由突发事件引起的，在此类外生事件影响因素消失后，企业的各项业绩评价指标可能会出现一定程度的回落，乃至较快恢复到正常范围。

（五）加剧信息不对称问题

信息不对称问题主要存在于卖方和卖方之间，以及卖方和买方之间，信息不对称问题的恶化会给海外投资企业带来诸多负面影响。从市场角度看，信息不对称会使交易各方面临更高的风险系数，造成市场本身运作效率低下，甚至造成某些细分市场无法运作。卖方市场优质商家和不良商家混杂，造成劣币驱逐良币的严重后果。低质量产品占领市场会损害优质商家的营运信心，侵犯其合法权益，乃至危及这些企业的生存和发展。从消费者角度看，虽然信息不对称问题的恶化首先表现在卖方和买方之间，但是这种问题会产生外溢效应，既可能会严重损害消费者权益，也会造成消费者获取真实准确信息的权利被剥夺，从而阻碍消费者选择优质产品。此外，信息不对称问题的恶化也会通过消费者选择、企业决策等作用路径加大社会总成本。

（六）安全性受到威胁

地缘政治风险的爆发会使文旅企业赖以生存的生态安全和市场安全均受到威胁，从而阻碍企业营运活动的正常开展和企业的可持续发展。生态安全是指在一定时间和空间范围内，生态系统能够保持其结构与功能少受或不受威胁的健康状态，并能为人类社会经济的可持续发展提供服务，从而达到维持自然—社会—经济复合系统长期协调发展的目的。文旅业具有环境依赖性和资源消耗性的产业属性，这些基本因素决定了旅游地与其生态环境之间存在着对立与统一的关系。旅游活动的开展需要旅游地生态系统结构相对稳定，还要兼备服务功能的多样性等条件。这些基本条件为旅游业发展提供丰富的物质资源和和谐的环境空间。但是，地缘政治风险的爆发会严重威胁生态系统安全，破坏现有的生态环境系统自身完整性和生态服务功能，进而影响旅游项目开展过程中消费者的消费体验和人身安全。此外，地缘政治风险爆发可能造成消费市场低迷，消费者对旅游产品缺乏信心，使旅游产品推广和销售严重受挫，导致旅游企业经营陷入困境。通常，旅游企业经营困境在财务上的直接表现为当前或未来一段时间销售收入大幅下降。此时，旅游市场也会出现问题，一些销售方可能在向消费者提供旅游服务时偷工减料，比如减少对文旅产品消费者的安全保障等，从而对消费者安全产生威胁，进而影响市场环境的安全性。同时，地缘风险对生态环境和市场环境安全性产生的威胁还可能具有持续性，从而影响企业的高质量可持续发展。

（七）陷入恶性竞争危机

地缘因素诱发风险的爆发可能会使文旅企业海外直接投资和经营前景黯淡，短期市场竞争环境的恶化容易使这些企业陷入恶性竞争危机。恶性竞争是指企业在市场上的机会主义、不公平甚至是不合法的竞争行为。比如，违反专利和产权法，不履行合约规定，发动价格战以及其他不公平竞争方式，等等。在市场机制不健全、产权保护意识薄弱、法律法规不完善以及监管缺失的转型经济国家，企业之间的大量恶性竞争事件层出不穷，这些是企业海外投资和经营活动必须面对的外部环境的一部分，无疑将对这些企业的战略决策的制定、执行及其实施效果产生重要影响。

在地缘因素诱发风险频繁爆发的国际大背景下，许多共建国家反不正当竞争的相关法律体系并不完善，企业对外直接投资极易陷入恶性竞争困局。在地缘因素诱发风险爆发的外生事件冲击下，一些国家或地区市场极易陷入无序状态，甚至出现大量的"诉讼战""诬陷门""黑公关"等恶性竞争事件。一旦企业所面临的经营环境不确定性增大和恶性竞争日益增多，其保持原有战略的难度就会增加，此时企业亟须有针对性地增强战略柔性和经营策略的灵活性以应对复杂多变的外部环境。地缘因素恶化环境下，部分文旅企业的恶性竞争行为特征主要表现为无底线降价，面向消费者提供的文旅产品或服务失去保障以及文旅服务过程组织混乱，等等。恶性竞争的频繁发生不仅不利于一般企业（包括文旅企业）正常开展经营活动，不利于行业的进步与发展，而且持续发酵可能产生严重的行业内耗，甚至产生外溢效应，引发更大范围市场秩序混乱。

第四节　地缘因素对文旅企业分配
的影响及其后果

一、地缘因素对文旅企业分配的影响机制和路径分析

（一）利润（收益）分配活动理论基础分析

广义地说，收益分配是指企业对一定时间内实现的收益依法向资本的提供者以及政府等利益相关主体进行分配，它主要是以企业的息税前利润（即利息、所得税和净利润）为对象在各法定受益主体之间进行的分配。狭义上的收益分配是指对企业的税后利润进行分配。本节所讨论的利润分配指的是息税前利润在企业受益对象之间的分配，属于广义范畴。息税前利润的分配包括税前利润分配、税中利润分配和税后利润分配三部分基本内容和三个基本步骤。其中，税前利润分配是指对息税前的利润进行分配，要将息税前利润划分为债权人债务资本利息和企业利润总额；税中利润分配是指对利润总额进行分配，指将利润总额划分为企业应纳税所得税与税后净利润两部分；税后利润分配是指对税后净利润进行分配，包括弥补以前年度亏损、提取盈余公积和股利分配等内容。以股份有限公司为例，公司当年实现的利润总额要按照有关规定进行调整，先依法缴纳企业所得税，然后再按照以下顺序进行税后利润的分配：（1）弥补以前年度的亏损；（2）提取法定盈余公积金；（3）提取法定公益金；（4）提取任意盈余公积金（针对股份有限公司）；（5）向投资人进行利润（股利）分配，剩余部分形成的未分配利润留待以后年度在投资人之间继续进行分配。首先，按照《中华人民共和国公司法》，股东大会或者董事会权衡短期利益和长期利益，对企业税后利润留存和向投

资者分红的比例安排具有一定的裁量权,因为各个企业独立决策,而且企业之间的实际情况差异较大,所以不同企业的利润分配政策往往千差万别。其次,企业在制定利润分配方案时,不仅要考虑股东大会或董事会的意见,而且需要考虑外部利益相关者对利润分配方案的意愿和诉求。例如,选择固定股利政策不仅可以增加现有股东的收入,还能够向外界利益相关者传递企业稳步发展的信号,有利于树立良好的企业形象,进而有利于吸引潜在投资人对企业进行投资。最后,还需要综合考虑市场现状和公司发展前景、企业技术潜力和通货膨胀情况等,甚至需要考虑个人所得税对大股东的影响。

在一些情况下,上市公司管理层可能出于某种利益动机在作出利润分配决策之前对公司利润进行盈余管理,比如利润调减、利润调增和利润平滑。(1)利润调减。管理层进行利润调减的主要动机在于节税,为了少缴纳企业所得税及其他与收益相关的税费,企业可能在税法允许的范围内尽可能以多计费用的形式进行利润压缩处理。(2)利润调增。公司的利润水平通常是投资者评价企业经营状况好坏的标准之一,通常经营状况与公司股票价格有一定的正相关性,企业往往通过利润调增虚增利润,这不仅有助于发行股票筹集到更多投资者资金,还能顺利地发行公司债,从银行顺利借入更多资金。此外,当公司高管工资与公司经营财务绩效相关时,公司管理层可能出于增加自己报酬的目的进行利润调增;或者管理者为了保持自己的职业地位,可能在股东大会上通过利润调增这种方式来赢得股东支持,等等。(3)利润平滑。一般来说,企业收益水平若经常发生剧烈波动会降低投资者信心,向市场传递企业经营不善的信号,增加公司的融资成本。为了稳定收益水平,公司高管往往通过会计方法实现利润平滑。

因为公司经理层、董事会和投资者等其他利益相关者之间存在信息不对称,所以在制定利润分配方案时,需要进行必要的沟通,尽可能避免信息不对称导致利润分配方案不合理的问题发生。通常,企业在制定利润分配方案时要遵循一些公认的原则,比如公平兼顾效率原则、投资与收益相对等原则、收益分配结构最优原则和分配与积累并重原则。(1)公平兼顾效率原则。企业任意一项财务活动的顺利开展一般都离不开各部门和各成员的紧密合作，公平的利润分配方案可以在较大程度上调动投资者的积极性，避免产生矛盾冲突。鉴于此，企业需要在公平和效率之间找到一个平衡点，在保证各参与方基本利益前提下，追求效率，进而提高综合经济效益。（2）投资与收益相对等原则。企业进行收益分配应当体现"谁投资谁受益"、收益大小与投资比例相对等的原则，这是正确处理投资者利益关系的基本原则和关键。（3）收益分配结构最优原则。收益分配方案的制定应当以科学理论为基础，不能只从某一个人或某一个利益集团的利益角度出发，应当兼顾各参与方的利益，从企业整体收益出发，使各利益相关者的收益结构达到最优状态。（4）分配与积累并重原则。企业通过经营活动和投资活动赚取收益，既要保证企业简单再生产的持续进行，又要不断积累企业扩大再生产的资金，恰当处理分配与积累之间的关系，将企业利润在留存收益和向股东发放红利之间进行合理配置，这样做不仅能够增强企业抵抗风险能力，而且遵循了谨慎性原则，有助于提高企业经营的稳定性和安全性。

在确定企业收益分配方案时，应当系统考虑法律因素、公司因素和股东因素。（1）法律因素。为了保护债权人和股东的利益，法律通常就公司的收益分配活动作出对债权人和股东的保护性约束条款。公司决策机构在制定分配方案时，应当遵循这些法律条款。（2）公司因素。公司在确定收益分配方案时，从自身所处生命周期阶段出发，需要综合考虑投资需求、筹资能力、现金流量、资金流动性、盈利稳定性、筹资成本和股利政策等因素，不能孤立地看待收益分配，导致顾此失彼。（3）股东因素。股东是公司关键利益相关者，他们对公司经营、控制权、风险和投资机会等方面的考量也应纳入公司收益分配方案的综合考量范围。

一般情况下，上市公司利润分配方案基本上遵循相关法律法规，也比较科学、合理，而且大都可以用如下几种股利政策理论加以解释。

1. 股利无关论

米勒和莫迪利安尼于1958年发表的论文《资本成本、公司财务以及投资理论》和 1961 年发表的论文《股利政策、增长和股票价值》共同构建了股利无关理论体系，该理论也叫作 MM 理论。MM 理论的基本前提主要有：（1）假设投资已确定，其不会因为股利支付而改变；（2）没有股票发行和交易成本；（3）市场上存在对称的信息，所有交易者同等而无成本地了解价格信息以及其他一切关于股票性质的信息；（4）企业存在完美契约，不存在代理问题；（5）个人和公司所得税不存在。其重要结论主要有三点：（1）资本结构与资本成本无关；（2）资本结构与公司价值无关；（3）如果筹资决策与投资决策分离，那么公司的股利政策与公司价值无关，即企业价值与企业是否负债无关，也不存在最佳资本结构问题。MM 理论的假设条件太过苛刻，在现实中并不存在，现实中的资本市场并不完美，总会存在诸多阻碍资本流动的因素，比如任何公司几乎都难以完全规避所得税。所以，米勒等人后来又对 MM 理论进行了一定的改进，形成了修正的 MM 理论。

2. 修正的 MM 理论

修正的 MM 理论又称为含税条件下的资本结构理论。它来自米勒等人于 1963 年发表的一篇与资本结构有关的论文。该理论认为，在有公司所得税的环境中，因为负债支付的利息是免税支出，所以可以降低综合资本成本，增加企业的价值。该理论合乎逻辑的推论是，公司只要通过不断增加财务杠杆，就可以不断降低其资本成本，进而公司价值不断增大。当债务资本在资本结构中达到 100% 时，将达到最佳资本结构，此时企业价值达到最大。显而易见，最初的 MM 理论和修正的 MM 理论是资本结构理论中关于债务配置的两个极端看法。

按照修正的 MM 理论，理想状态下，公司要实现最佳资本结构必须使负债占比达到 100%，但是这种情形在现实社会中显然不存在。鉴于此，陆续有学者对该理论进行质疑和设法改进，逐渐引入市场均衡理论和代理成本、财务拮据成本（因偿债能力不足而导致的直接和间接损失）等因素，对修正的 MM 理论进一步修正和完善。

3. "一鸟在手"理论

戈登是"一鸟在手"理论最主要的代表人物。"一鸟在手"理论的核心观点是，从投资者角度看，股利收入要比由留存收益带来的资本收益更为可靠，因此公司应当定期向股东支付较高的股利。"一鸟在手"理论认为，用留存收益再投资带给投资者的收益具有很大的不确定性，并且投资风险将随着时间的延续进一步增大，所以投资者更喜欢现金股利，而不太情愿将利润留在公司再投资。按照该理论推理，公司分配的股利越多，公司的市场价值也就越大。

4. 税差理论

对投资者来说，投资者投资股票所得到的投资收入主要由两部分组成：股票买卖形成的价差（资本利得）和企业不定期发放的股利。通常，投资者得到的这两部分收入都需要缴纳相关税金。由于各国关于股票投资所得税收制度不尽相同，税差理论就是建立在国家间这种税收制度差异基础之上。法拉和塞尔文在1967年正式提出所得税率差异理论即税差理论，并主张如果股利的税率比资本利得税率高，投资者会对高股利收益率股票要求更高的必要报酬率。作为应对，为了使资金成本降低，使公司的价值增大，公司应当采取低股利政策。

5. 信号传递理论

在企业的委托代理关系中，股东是委托人，经理是代理人，他们之间存在着信息不对称问题。一般认为，公司的经理层是"内部人"，他们比股东掌握更多公司信息，更了解公司的经营状况、发展前景以及公司的真实价值。股东要了解企业管理现状，就需要借助一些信号工具，比如企业的股利政策。高质量的公司可以通过制定相对较高的股利支付率把自己同低质量的公司区别开来，以吸引更多的投资者。对投资者来说，如果公司能够连续保持较为稳定且较高的股利支付率，那么投资者就会对公司未来的盈利能力与现金流量抱有较为乐观的预期，他们就愿意将更多资金投入这样的公司。

在不同的股利政策理论指导下，各个企业出于对不同因素的考虑，制定的股利政策侧重点有所不同,因而它们可能采取不同的利润分配方案。此外,利润分配活动还涉及所有者合法权益保护问题,与企业长期稳定发展也有密切关系。因此,制定科学、合理而适用的股利政策,加强利润分配的核算与管理,对于参与"一带一路"建设的文旅企业以及其他所有企业都具有十分重要的意义。

(二)公司利润分配能力评价框架

在对公司的利润分配能力进行评价之前,首先需要区分和评价公司可供分配利润和现金分红能力。其中,公司可供分配的利润等于公司当期实现的净利润加上年初未分配利润(或减去年初未弥补的亏损)和其他转入后的余额,即公司当期实际可供分配利润。但是,税后净利润是基于权责发生制原则进行会计确认和计量的结果,比如按照公允价值计量计入当期损益的交易性金融资产,其公允价值变动损益体现为收益时,将增加当期净利润,造成公司资本虚增的假象。相反,固定资产、无形资产等项目如果在当期发生贬值,需要计提资产减值损失。根据现行会计准则规定,长期资产减值一经计提,之后无论该资产价值是否回升,资产减值损失均不得转回。实际情况则是,受市场等因素的影响,部分长期资产可能在计提资产减值损失以后发生升值,而根据现行会计实务,其升值部分只有在处置这些资产时才能得以实现。虽然形式上公司当期并没有发生真正意义上的现金流出,但是当期计提资产减值损失会减少当期净利润,对公司当期可供分配利润与现金分红能力产生一定的影响,这种做法也体现了会计谨慎性。

公司当期实际可供分配利润是公司可以向全体股东分配的利润,但不一定表明公司当期就有足量的现金向全体股东进行现金分红。公司当期可供分配利润一般由两部分组成:一部分是以现金形式存在的可供分配利润,另一部分是以存货、固定资产和应收账款等资产形式存在的可供分配利润。公司当期现金分红能力是指以现金形式存在的可供分配利润,公司要想提高现金分红能力,只有提高收益质量增加现金收入,或者变卖部分无形资产、固定资产或存货等资产，否则只能对外借款。这也可以用于解释一些情况下上市公司账面可供分配利润很多而不进行现金分红，取而代之以大比例股票"送转"或实物分红，其中一种可能就是因为公司当期现金分红能力较弱。公司公布当期现金分红方案以后，还必须在公司股东大会通过决议，然后才能将现金分红方案付诸实施。在此期间，公司的现金存量是公司管理层关注的重点，公司应合理预测这段时间的现金流入与现金流出，在确保公司正常运营的前提下，保证现金分红方案能顺利实施。

王文兵等（2015）借鉴波士顿矩阵思想，构建了公司利润分配能力评价矩阵图，详见图4-9。[①]

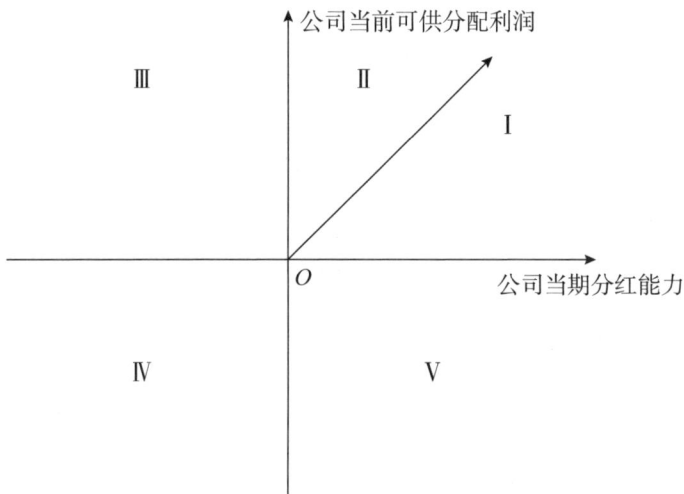

图4-9 公司利润分配能力评价矩阵图

上图横轴表示公司当期现金分红能力，从左至右，现金分红能力逐渐增强；纵轴表示公司当期可供分配利润，从下至上，当期可供分配利润逐渐增多。图中四个象限意涵概述如下：

第一象限分为Ⅰ区域和Ⅱ区域，两区域结合处表示公司当期可供分配利润等于公司当期现金分红能力。

_____

① 王文兵,干胜道.公司利润分配能力评价研究[J].财会月刊,2015(31):3-5.

Ⅰ区域：公司当期可供分配利润水平低于公司当期现金分红能力。公司当期利润分配出现超额分配现象，超出公司当期可供分配利润的部分实质上已经不再属于利润分配范畴，而属于"清算性股利"，即投资者收回投入资本。

Ⅱ区域与Ⅲ区域：公司当期可供分配利润大于公司当期现金分红能力，公司当期有可供分配利润但实际上无足额现金存量满足现金分红要求。公司若想进行足额现金分红，只能通过提高收益质量、加大应收账款催收力度或变卖实物资产等方式筹集现金，达到现金分红要求。从Ⅱ区域到Ⅲ区域，公司当期现金分红能力越来越弱，可供分红的现金几乎枯竭，除了加大应收账款催收力度、变卖实物资产等手段筹集现金，公司管理层可能会为了维持现金分红的持续性和稳定性，而到债务市场适度举债来满足公司当期现金分红要求。

Ⅳ区域：公司当期既无可供分配利润又无现金分红能力。公司当期可供分配利润已经为负值，且当期现金存量也比较少，从理论上分析，此时公司已经不具备向投资人分红的条件，不论是现金分红还是实物分红。

Ⅴ区域：公司当期可供分配利润为负值，意味着公司当期发生资本减值。一般情况下，公司账面上仍然有一定现金存量，即公司当期具备一定现金分红能力。但是，这部分现金存量往往不是来自公司当期或以前各期资本增值，更大可能是来自公司融资，比如债务融资、股权融资等。

将以上利润分配能力评价矩阵图主要内容概括如下：公司在Ⅰ区域与Ⅱ区域边界处分红，属于公司正常分红；在Ⅰ区域分红，属于超额分红，即公司当期现金分红超过公司同期可供分配利润。公司在Ⅱ、Ⅲ区域具备向投资人分红的能力，但是不一定具备现金分红能力，具体情况视公司当期现金存量而定。公司在Ⅳ、Ⅴ区域不具备向投资人分红的能力，如果公司在此区域强行分红，有实施"庞氏骗局"之嫌。[①]

---

① 庞氏骗局是指股东分红所分走的现金其实来自股东自己投入到公司的股权资本所带来之非暂时性自由现金，或公司从银行等债权人处借来的贷款本金所带来之暂时性自由现金抑或非自由现金，而不是公司自身创造的自由现金流所累积之非暂时性自由现金。

总之，公司可以利用利润分配能力评价矩阵图，结合当期可供分配利润和现金分红能力，综合判定当期是否应当分红以及如何分红。此外，管理层还应当考虑公司所处生命周期阶段、风险水平、股东需求、信号传递需求和筹资成本等因素，最终形成切实可行且有利于企业长期可持续发展的利润分配方案。

（三）上市公司利润分配活动现存问题分析

鉴于经营活动的市场化程度很高，上市公司的行为受市场机制约束，其红利支付方案的制定必须坚持市场导向，利润分配比例也应当科学、合理。但是，目前上市公司的利润分配实际情况仍不尽如人意，不仅方案存在诸多问题，而且公司管理层并未予以足够的重视，这种乱象违背了企业公司利润分配原则，也可能对公司未来可持续发展造成严重负面影响。

1. 忽视投资者收益分配权

企业进行利润分配活动主要是向股东和其他法人进行利润分割。在制定利润分配方案时，企业需要综合考虑各种影响因素：不仅需要考虑企业的发展规划及其资金需求，还需要考虑各类股东收益分配需求，特别是中小股东的利润分配诉求；利润分配必须遵循投资与收益相对等的原则，遵守与之相关的法律法规，绝对不能操纵利润分配侵占中小投资者利益。但是，纵观我国上市公司的利润分配方案和许多相关案例，中小投资者的收益分配权往往被忽视，一些上市公司不按照既定要求发放现金股利，大量采用股票股利或配股的方式进行股利分配。虽然许多上市公司财务业绩良好，公司市值持续增长，但是股东无法兑现投资收益。

2. 股利分配政策波动性较大且缺乏连续性

理论上来讲，上市公司通常倾向于采用较为平稳的股利分配政策，尽量保证股利支付率不受公司利润水平波动的影响。即使公司面临亏损，公司管理者也会尽量兑现股利支付承诺，保持平稳的股利支付率水平，直到他们确认公司的亏损不可逆转，以向公司外部的投资者和其他利益相关者传递公司运营良好的信号。相应地，公司管理者也不会随便提高股利支付率。只有他们确信公司持续增长的利润水平能够支持较高的股利支付水平时，他们才会逐步增加股利，达到一个新的股利均衡点。但是，整体上我国上市公司股利分配方案随意性较强，基本上没有稳定的股利政策，投资者无法较为准确地把握公司现状，更无法有效地预测公司发展前景。在制定股利分配方案时，上市公司管理层往往缺乏对企业所处生命周期阶段以及企业长期战略规划的周密考虑，在较大程度上依赖于当年的利润水平。

一般地，企业的生命周期可分为成长期、成熟期和衰退期。处于成长期的企业，为迅速扩张规模，资金需求较大，通常采取低正常现金股利或股票股利政策；处于成熟期的企业已经具备一定的生产规模，营业收入较为稳定，经营风险较小，所以往往支付较高水平的固定股利或维持股利支付率稳定；处于衰退期的企业利润水平不稳定，现金净流量逐渐减少，财务状况趋于恶化。考虑到股东投资报酬率，企业可能会动用部分留存收益并以现金股利的形式发放给股东，这时往往选择固定股利政策或剩余股利政策。

3. 利润分配行为不规范

在我国资本市场，上市公司利润分配行为不规范的主要表现形式有以下两种：（1）有些上市公司未履行法定利润分配决策程序，董事会对利润分配方案的制定缺乏严肃性和严谨性。它们经常随意更改分配方案，未达到公司章程规定的分配条件或未通过股东大会审议即实施分配，其行为极易造成二级市场股价波动。（2）搞变相利益输送。通过虚构交易、调整会计政策等手段虚增利润，掩盖非法分配行为，"同股不同权""同股不同利"现象时有发生。其行为后果十分严重，不利于营造良好的二级市场环境。

（四）文旅企业利润分配活动模型构建

文旅上市公司一般采用综合经营模式，涉及的业务领域广泛，但是各个上市文旅公司的主营业务侧重点不同。不同业务领域的财务特征往往有较大差异，可以根据主营业务构成将上市文旅公司分成如下五类：景区及目的地运营类、在线旅游及综合服务平台、文旅综合集团、酒店及住宿类和其他细分领域。

值得注意的是，上市文旅公司分类的划分并不是唯一和一成不变的，不少公司由于原有业务亏损或其他原因从一个行业被划入另一个行业。

上市文旅公司股利分配具有如下四个显著特征：（1）现金股利是股利分配的主要形式；（2）股利分配政策不稳定，连续性差；（3）现金股利支付水平偏低并且和派现公司数量比例成反比（即派现公司比例越高，平均每股派发的现金股利越少）；（4）现金股利分配水平与盈利水平成正比。

构建文旅业利润分配模型，必须联系文旅供应链。首先，从行业特征来说，文旅业属于复合业态，属于现代服务业范畴，与许多其他行业相比，文旅业与供应链间的相关行业联系更加紧密。其次，随着近年来旅游、文化产业的蓬勃发展，文旅行业内的竞争日趋激烈，各个文旅企业不断谋求拓展合作空间，文旅业的竞争已从独立企业之间的竞争转变为文旅供应链之间的竞争，并对文旅业分配产生深刻影响。在激烈的行业竞争背景下，文旅业的行业性质决定了其利润分配不仅关系到个别企业股东、政府和其他相关企业之间的利益分配，还关系到文旅供应链上下游企业之间的利益分配问题。一般文旅业供应链结构见图4-10。

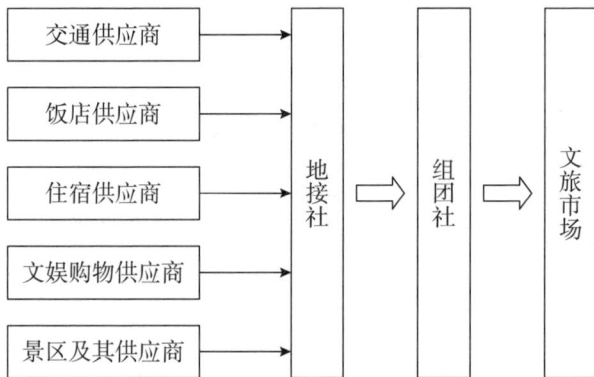

图4-10　文旅业供应链结构

目前，学术界关于企业联盟下供应链间的收益分配问题的研究已经比较成熟，出现了一批影响力较大的研究成果。其中，应用比较广泛的是 Shapley 值法，该方法是由 L.S.Shapley 在 1953 年给出的解决 n 个人合作对策问题的一种数学方法，在解决合作各方利益分配问题时运用较为有效。当 n 个人相互合作结成联盟或者利益集团从事某项经济活动时，通常能得到比他们单独活动时更大的利益，产生一加一大于二的效果。然而，这种合作持续进行的前提条件比较理想化，那就是要求联盟中的合作各方都可以公平地得到他们各自应得的利益。基于 Shapley 值对联盟成员进行利益分配反映了各参与方对联盟总目标的贡献程度，也体现了各盟员相互博弈的过程。Shapley 值法能有效地避免分配上的平均主义，比任何一种仅按资源投入、资源配置效率及二者兼而有之的分配方式都更加公平、合理。

在运用 Shapley 值法分配文旅项目供应链中各文旅企业的利润时，要将该方法结算的结果与各个企业分散决策时的利润进行对比。多项研究发现，通过 Shapley 值法分配景区和旅行社的利润要比单个企业分散决策时的利润高。这些研究成果充分说明，运用 Shapley 值法分配利润不仅保证了整体利益最大化，也提高了各个企业的利润。由此可见，在文旅供应链中，各个主体在达成战略联盟时，核心企业可以运用 Shapley 值法来协调上下游企业的利益，加强各方合作，实现文旅供应链整体和各个节点企业的双赢。

（五）地缘因素与风险对文旅企业利润分配活动的影响因子分析

对于参与"一带一路"建设的文旅企业来说，制定出科学、合理和有效的利润分配政策不仅有利于稳定职工和管理团队，增强投资者信心，而且有利于企业可持续发展；外部供应链间利益分配方案的科学设计有利于国际市场形成稳定的企业联盟，有利于供应链正常、良性运转，还有利于各个企业增强竞争力和在国际市场动荡时降低企业陷入财务危机的概率。对于文旅企业来说，地缘因素引发的风险比较典型、独特，它既是这些企业所面临的系统风险的一部分，相对于国内文旅企业而言，它也是这些企业面临的额外风险。因此，系统地分析地缘因素与风险对相关文旅企业利润分配活动的影响路径和影响后果，进而提出有针对性的建议和对策十分必要。

1. 市场环境动荡

共建"一带一路"国家多数位于地缘战略的重要地带，容易受到区域内外地缘因素的影响。地缘因素引发的风险（地缘政治风险）激烈爆发时往往伴随战乱、政权更迭和汇率不稳等事件的发生。这些事件有广泛的影响力并会产生冲击效应，一旦传导至市场层面，它们将对市场中经济因素和非经济因素产生系统的、负面的影响。

地缘因素引发的风险直接导致市场环境恶化和市场的持续动荡，间接对文旅企业利润分配活动产生重要影响。首先，市场环境动荡使文旅企业海外业务的开展面临重重困难，为尽量减少暴露于这些风险冲击点，一些企业往往审慎面对扩大市场份额，甚至采取收缩战略。在利润分配过程中对于扩大海外投资预留资金考虑较少，甚至不予以考虑。但是，对于成熟的大型企业而言，它们的市场份额已经较为稳定，一般不需要耗费大量的现金进行投资和扩大生产，因而现金流充裕，它们有条件制定和实施较为稳定的利润分配方案。其次，市场环境动荡往往使文旅企业盈利水平下降，同时企业还要分散大量精力以应对突发恶性事件冲击。在这种环境下经营，企业举步维艰。如果此时公司盈利能力不强，甚至出现亏损，那么往往无法实施任何形式的股利分配政策。最后，一般情况下，偿债能力强的公司债务压力轻，在有可供分配利润时愿意支付高额的现金股利，而偿债能力弱的企业则倾向于保留更多的现金用于偿还债务的本金和利息，其现金股利的支付意愿和力度都比较低。市场环境动荡导致企业经营风险加大，能显著地影响文旅企业的偿债能力，进而影响到利润分配政策，导致企业股利支付率波动性增大甚至利润分配难以为继。股利分配困难会对企业投资者产生影响，动摇其投资信心，最终使企业的偿债能力和举债能力不断降低。

2. 人员流动性大

理论上，企业职工薪酬结构和员工比例稳定有利于企业的稳定发展，有利于优化利润分配，也有利于企业承担更多社会责任，树立良好的社会形象。但是，地缘因素诱发风险的爆发必然会破坏企业组织结构的稳定，造成人力资源流动性不断增大，不利于企业平稳地开展生产活动。以参与"一带一路"建设的文旅企业为例，它们在东道国（地区）开展经营活动需要而且必须与当地人力资源市场相对接，通过与当地劳动力市场融合并建立适合企业发展的组织体系和人力资源结构不仅可以保证生产经营活动的正常开展，而且有助于企业缓解与当地消费者市场之间的信息不对称问题。但是，随着地缘因素诱发风险的爆发，当地人力资源极有可能大量流失，从而破坏企业的人力资源结构，进而影响企业生产经营活动的正常开展，使企业部分相关政策失效。

从企业职工薪酬结构及员工比例与利润分配活动相互关系看，二者之间会产生交互作用：一方面，人力资源流动性大不利于企业利润分配活动的正常开展，增加利润分配方案制定成本；另一方面，合理的利润分配政策可以使企业在地缘因素诱发风险频发的东道国劳动力市场具备竞争力，有利于企业稳定现有的组织结构并吸引当地人才。因此，对于文旅企业来说，在安排职工薪酬结构、员工比例时应当结合当地劳动力市场以及企业自身特征，比如企业的发展阶段、企业规模、企业战略以及企业的知识和技术水平等，形成有利于企业可持续发展的健全、稳定、有序和有超强适应能力的人力资源结构。

3. 利润波动幅度大

相关研究表明，稳定的利润有助于巩固高管地位，降低债务违约风险，减少所得税以及缓解信息不对称问题，因而管理层普遍存在降低利润波动幅度的动机。但是，当地缘因素诱发风险爆发时，共建"一带一路"文旅企业经营风险迅速加大，盈利能力大大降低。这里，导致盈利能力下降的原因主要有三个：第一，因为文旅企业为消费者提供的娱乐观赏性服务并非生活必需品，消费者需求弹性较大，所以地缘因素诱发风险爆发使消费者对文旅产品的购买意愿急剧降低，从而导致这些企业的生产销售水平降低。第二，地缘因素诱发风险的爆发使文旅企业经营风险加大，文旅企业需要承担由当地爆发的战争或政权更迭事件导致的文旅产品消费者人身意外伤害赔偿。第三，地缘因素诱发的风险一旦爆发还会导致企业内部和外部运行效率低下，进而造成企业内部现金流断裂或各种应收项目产生较大比例的坏账损失。诸如此类不良事件的发生都会在一定程度上侵蚀文旅企业的利润。

一旦企业的利润水平断崖式下降，或者在一段时期内产生较大幅度的波动，将会直接对企业的利润分配活动产生消极影响，其主要表现有：第一，利润水平的不稳定可能使企业管理层信心发生动摇。为谨慎起见，也为了保持稳定的利润分配水平以向社会传递企业经营状况良好的信号，企业管理层此时会选择发放较低水平的现金股利甚至不发放现金股利以将利润留存在企业里，增强企业抵御风险的能力。第二，利润水平不稳定影响企业投资者的投资报酬率，可能使企业投资者信心不足。总而言之，稳定的利润分配水平依赖于企业良好的经营与稳定发展。一旦地缘因素诱发风险爆发危及企业正常的经营活动，就可能影响企业的利润水平稳定性，进而对企业的利润分配活动产生不良影响。

4. 人才引进与培养受限

人才的引进、培养和使用是促进企业长期可持续发展、不断提高企业竞争力的根本。引进人才的使用与培养是一个有机整体，引进人才的使用是基础，培养人才是重点。"一带一路"文旅企业如果想在东道国立足和长期发展，就必须树立长远发展眼光，避免急功近利，而重视人才的引进和培养恰恰是企业长期发展战略的关键环节之一。

人才的引进与培养是一个长期的过程，当地缘因素诱发风险爆发时，人才的引进与培养进程必然会受到限制或阻碍，主要有两方面原因：第一，地缘因素诱发风险爆发导致企业的利润水平和盈利能力骤降，企业资金短缺，周转出现困难，短视的管理者极有可能通过缩减人才引进与培养的资金支出来渡过难关。第二，地缘因素诱发风险的爆发还可能导致企业经营理念与当地文化传统观念等方面的冲突，可能加剧企业人才流失，增加企业沉没成本。

人才引进与培养受限可能致使企业的利润分配方案灵活性更强，将更多的资金用于利润分配，但是这样做显然不利于人才培养与人才储备，不利于企业长期可持续发展。因此，企业应当在日常经营中建立和完善人才管理机制和服务机制，将人才培养、企业战略规划与利润分配活动放在一起统筹考虑。

5.供应链合作受阻

对于文旅企业而言，各企业间的供应链紧密合作至关重要。在企业的利润分配活动中，还应当考虑供应链各环节企业间的利润分配。由于各节点企业都是独立的利益主体，每个利益主体的决策出发点都是自身利益最大化，因而各节点企业之间天然存在利益冲突，它们的合作松散而缺乏凝聚力。这种情况客观存在，并对文旅供应链的整体运作效率产生不良影响。如何有效地协调文旅供应链节点企业之间的利益，使整个供应链绩效与各节点企业局部利益均达到最优，是文旅供应链管理成功的关键。

文旅企业的行业特征决定了其涉及的业务领域较多，在东道国（地区）开展经营活动时不可避免地会与当地其他相关行业的企业产生联系，形成供应链关系，供应链任何一个节点企业出现问题都会对供应链范围内的其他企业产生影响。当东道国（地区）地缘因素诱发风险爆发时，企业所处供应链的合作进程可能会受到严重影响，供应链中东道国（地区）企业与"走出去"的中国文旅企业之间可能产生利益冲突、理念冲突或宗教冲突等。在这种情况下，供应链的整体利益和节点企业的局部利益都会在一定程度上受到影响，供应链内各节点企业的利润分配将面临困难，损失的责任归属认定也会变得困难重重，所有这一切无疑会增加各个节点企业利润分配决策成本，甚至会影响未来供应链的正常运作。

6.金融市场发展不完善

我国上市公司的利润分配活动存在诸多问题，比如股利发放水平偏低、缺乏连续性等，这在一定程度上与相关金融市场发展不完善有很大关系。共建"一带一路"国家多数为发展中国家或经济转型国家，其经济发展水平普遍偏低，金融市场发展尚不完善，难以对企业经营提供足够的支持和保护。

这种情形可能对文旅企业的利润分配活动产生消极影响：首先，金融市场不完善导致相关企业缺乏有效的外在约束机制，许多企业对利润分配活动不够重视，利润分配过程随意性较大，甚至不时侵犯投资者权益，长此以往将恶化与投资人的关系。其次，金融市场不完善会侵蚀企业对金融市场的信心。在地缘因素诱发风险爆发和企业利润水平普遍下降的情况下，这样的金融市场难以为企业提供融资支持，企业的生存与发展面临严峻考验。最后，地缘因素诱发风险的爆发也会对当地金融市场产生一定的冲击，使得这些原本脆弱的金融市场变得更加不堪，导致相关企业难以借助外力来维持利润分配活动稳定。

7. 技术创新动力不足

企业创新活动对提升企业核心竞争力至关重要。创新投入极具风险性，企业虽然要承担所有创新成本，但是未必能够获得所有创新收益。对参与"一带一路"建设的文旅企业来说，创新活动使其承担了更多的财务负担和风险。"走出去"的文旅企业为了在东道国（地区）成熟的文旅市场结构中抢占一定的市场份额，必须创新产品和服务，这些是它们在东道国（地区）持续发展和获取未来竞争优势的关键。因为企业创新活动具有高投入、见效慢的特点，企业会担心东道国（地区）爆发地缘风险事件，所以它们可能大幅削减企业成本及费用预算，导致其对创新活动的投入力度大大降低，进而必将导致这些企业的创新动力不足。

创新活动可能对文旅企业利润分配活动产生影响，其作用路径如下：第一，如果企业选择削减企业创新活动投入以维持日常运转，在短期内对投资者收益影响可能不大。但是，它对企业未来长期影响可能很大。一般情况下，企业研发创新成果在市场上的成功投放可能给企业带来长远收益，有利于企业在较长期间维持较为稳定的利润分配方案，给投资者带来较高的投资报酬率。所以，企业为了眼前利益或其他某种动因突然切断或大幅削减创新投入势必会对未来企业盈利能力和投资者回报产生严重的不良影响，使企业失去"未来"。第二，企业的创新活动普遍存在较高的保密性，企业也极少披露与研发相关的信息，所以企业与外部投资者在此问题上存在信息不对称。作为研发信息披露的一种替代机制，企业因研发获得政府补助可以向外部投资者传递企业发展潜力巨大的信息，能有效缓解外界与企业之间的信息不对称问题，从而吸引外部投资者投入资金，提高企业现金流水平，能在一定程度上缓解企业在地缘因素诱发风险较高环境下的利润分配压力。

二、地缘因素对文旅企业分配的影响后果分析

利润分配是企业财务循环中的最后一个环节，不当的利润分配很可能会对企业未来的营运活动及其他相关活动产生不利影响，甚至引发更严重的财务危机。一般情况下，企业可供分配利润除发放现金股利或股票股利以外，还要拿出相当一部分来满足企业未来持续经营发展的需要。企业利润的过度留存或过度发放都有消极影响，前者会降低股东的积极性，后者可能会导致企业向外部筹措资金，增加企业的筹资成本。

共建"一带一路"的诸多国家为地缘战略要地，历来为地缘因素诱发风险高发地带。而利润分配行为不仅与企业的长远发展息息相关，也与地缘风险密切相关，因此很有必要分析地缘因素诱发风险对文旅企业利润分配活动的影响后果。

（一）降低股东与员工的积极性

追逐利润是企业的天然属性，但是公司和股东是不同的利益主体，他们的利益诉求有时候相一致，有时候相矛盾。作为自负盈亏的盈利主体，公司是否给股东发放股利，给股东发放多少股利，以及留存多少利润都是企业在利润分配活动中需要统筹考虑的问题。员工激励与企业的利润分配活动同样息息相关。理论上，可以通过短期激励和长期激励的方式激发公司员工工作积极性。短期激励主要指将员工薪酬与公司业绩挂钩，将员工利益与企业年度业绩相结合。长期激励主要是将员工职业发展与企业长期战略相结合，比

如实施员工持股计划。长期激励的优势主要表现在能较好地解决企业管理层和股东之间存在的信息不对称问题，企业通过向股东发放股利向外界释放利好信号，不仅有利于维持现有投资者的信心，而且有利于吸引外部的潜在投资者。

但是，文旅企业在股利分配上偏向保守，主要有两个方面原因：一是行业特征。文旅行业的财务特征表现为负债比例较高、资金回流慢。为了正常周转需要和应急支付需要，文旅企业往往较少发放现金股利甚至不发放股利。二是国外经营环境。文旅企业在东道国（地区）面临较为陌生的市场环境、法律环境、文化环境和社区环境等不利因素，在这种情况下，一般文旅企业的做法是少分利润或不进行股利发放，而尽可能地将更多利润留存于企业内部，以满足正常周转的资金支付需求和抵御风险的紧急资金支付需求。诚然，文旅企业的上述做法与企业价值最大化目标相吻合，但是可能会对企业财务关系产生冲击，可能会降低股东的投资积极性和员工的工作积极性。

（二）降低企业偿债能力

企业偿债能力是企业在正常经营活动中，以其现有资产偿还即期和远期债务的能力。企业偿还债务的资金来源主要是企业内部的自有资金以及再次向外部举债获得的资金。

地缘因素诱发风险的爆发使市场整体环境恶化，企业在经营不善的情况下也有可能在当期产生较多新债。同时，企业还面临旧债到期偿还的压力。如果此时企业为稳定投资者信心采取稳定的股利政策，动用内部留存强行发放股利，必然会加剧企业资金不足。在多重因素作用下，企业必须重新向外部举债或通过其他方式筹集资金以填补资金缺口。否则，企业可能需要承担违约成本，甚至可能面临法律诉讼风险，从而对企业在当地的品牌形象和长期发展造成严重负面影响。

（三）使债权人利益受到侵害

由于企业每一个会计期间的利润核算基础是权责发生制，而企业的现金流量表以收付实现制为编制基础，反映的是企业在一定期间现金流入和现金流出情况。依据"一鸟在手"理论，企业股东更倾向于企业发放现金股利。但是，由于利润表和现金流量表采用不同的编制基础，所以极有可能出现企业利润水平较高而现金存量较少的情况。如果出现企业利润水平较高，而股利发放水平过高的现象，那么企业将面临过度分配的风险，导致企业虚盈实亏。除企业会计政策选择因素以外，过度分配还有可能是因为地缘因素诱发风险的突然爆发。通常，地缘因素诱发风险的突然爆发会对地区乃至全球经济产生很大冲击，能够引发汇率大幅波动，进而引起通货膨胀。在这种极端情况下，纵然企业能够实现账面盈利，但企业的现金流被侵蚀殆尽，企业的流动性实际上已经不能够维持企业的简单再生产了。

此外，企业利润分配活动是基于复杂契约集合的利益权衡，涵盖国家与企业之间、大股东与小股东之间、高管与股东之间以及股东与债权人之间的股权保护、股权平等、债权实现和国家税收优先等方面的利益冲突与协调。债权人作为企业重要的利益相关者，在一定条件下企业利润分配会直接影响债权人债权的实现，一旦发放现金股利，就意味着企业资产流出企业。利润分配与利润留存此消彼长，分配越多，企业留存就越少，债权人到期收回本金的可能性就越低，发生违约的风险就越高。所以，企业向股东过度分配利润会导致企业总资产的减少，不利于债权人债权的实现，因而使债权人的利益受到侵害。

（四）影响企业可持续增长

如果文旅企业试图在东道国（地区）实现可持续性增长，那么必须在财务战略中注重企业长期竞争力的培养。长期竞争力表现在企业的创新能力、品牌效应和市场感知力等方面，对盈利能力和利润水平有更高的预期，长期竞争力的培养需要企业持续注入研发资金。现实情况是，"一带一路"背景下"走出去"的文旅企业无法回避地缘因素诱发的风险，这些企业受外部环境影响严重，可能难以保持较高的盈利水平。理论上，企业在进行利润分配活动时应当作出明智选择，制定并实施适合企业发展战略的利润分配方案，并充分考虑研发资金需求。但是，受雇佣契约约束，企业管理层的决策重心可能更倾向于保障企业短期生存和追求短期利益，削减用于研发的利润留存，把企业长期发展的战略部署放在次要地位，从而使企业的长期成长性以及核心竞争力受到损害。

（五）信号传递失灵

信号传递理论是企业制定利润分配方案的主要理论依据之一，该理论的前提条件是企业内部管理者和股东、企业外部潜在投资者之间存在信息不对称。因为只有充足的现金流量才能够保证股利尤其是现金股利的发放，所以企业可能会优先选择向企业股东发放固定股利或以固定股利支付率支付股利，旨在向外界传递企业经营状况良好的信号。对上市公司股利政策的实证研究为该理论提供了经验证据，公司首次发放股利以及增加股利会对企业股价产生正效应，投资者也会得到额外收益，尤其是发放现金股利的效应十分明显。但是，在地缘因素诱发风险爆发的情况下，企业发放股利对企业股价产生的正效应可能并不明显。换句话说，在特定条件下企业发放现金股利也许无法使投资者获得收益，表明股利的信号传递失灵。

在恶劣的地缘环境下信号传递之所以失灵，主要有两方面原因：第一，先前"走出去"的文旅企业从投资者手中得到大量"无偿"的资金，但在地缘因素诱发风险频发的环境下企业的盈利水平难以达到投资者预期，甚至出现负增长，企业可以用于发放现金股利的资金较少。一旦企业向投资者发放现金股利，理性成熟的投资者容易将企业的股利分配行为与企业的再融资意向联系起来，从而产生现金股利的负效应。第二，地缘因素诱发的风险不仅对企业盈利能力的冲击很大，而且有可能引起市场环境恶化，所以地缘因素诱发风险发生时及其之后相当长的一段时期以内，企业都不得不进行战略调整以适应新的市场环境。在这种情况下，企业难以维持稳定的股利政策，也就难以通过股利政策向投资者传递信号，从而导致信号传递失真。

（六）供应链管理失控

在一定意义上，供应链系统是为调节和配合市场需要形成的企业间组织形式，其中各节点成员企业能充分发挥各自优势，降低成本和经营风险，能够共同获取最大的经济效益。对文旅企业而言，理想的供应链系统有两大益处：第一，它可以降低企业在当地重新开发市场的成本和风险水平。第二，它有助于"走出去"的文旅企业更快地适应当地市场环境，降低与当地市场之间的信息交换成本，降低信息不对称程度。但是，供应链管理以及供应链间的利润分配问题对企业来说也是一大难题。

地缘因素诱发风险事件频发的市场环境更容易激发供应链各节点企业间的利益纠纷和冲突。一旦收益分配关系处理不当就可能导致供应链断裂乃至崩盘。供应链内部企业间的文化冲突也会对各节点企业产生影响。因为全球供应链中各个企业来自世界各地，有着不同的文化背景，每个企业在长期的经营管理中形成了自身独特的企业文化，它们在价值观、经营理念和方式、行政管理、人力资源管理和社会责任履行等方面都有着自己的特色，并且它们都非常看重自身的企业文化特色，所以在地缘因素诱发风险的干扰下这种文化差异可能激发各企业间的文化冲突，进而引发企业间的利益纷争。供应链节点企业的财务危机同样会造成利益纠纷和冲突。由于供应链内各企业之间的联系较为紧密，在恶劣的地缘环境下，某个供应链节点企业陷入财务危机会迅速在供应链企业之间"传染"，即：一个企业的财务危机有可能会迅速波及供应链的其他企业。在供应链利益分配时，节点企业的财务危机有可能使企业之间利润分配的责任归属难题和利益纠纷变得更加复杂。

（七）利润分配标准失衡

在企业进行利润分配时，每个企业都应当基于既定的标准将企业利润在企业、国家（相关税收）、股东和其他利益相关者之间进行公平分配。公允地进行利益分配有助于提振企业各利益相关者信心，有助于企业长期稳定健康发展。但是，在地缘因素诱发风险爆发时，公司各利益相关者所面临的风险水平不同，既定的公司利润分配标准很难再获得所有利益相关者认同，导致有关各方不断产生博弈和摩擦，进而导致企业的分配成本居高不下，甚至破坏利益相关者之间的凝聚力和向心力。

（八）法律风险

地缘因素诱发风险爆发时，东道国（地区）的文化和法律环境可能会给文旅企业利润分配活动带来阻力。此时，东道国（地区）的文化和法律环境变得更加复杂，外来投资企业违反当地法律法规的概率不断增大，很容易陷入法律诉讼危机。首先，公司因违反利润分配方面的法律条款而陷入法律诉讼。文旅企业应当在洞悉当地地缘环境变化的基础上，遵循当地法律规定进行利润分配，再结合自身发展需要和股东投资预期制定具体的利润分配方案。其次，公司因恶意违法分配而陷入法律诉讼。公司抽逃出资的形式多种多样，通过编制虚假财务会计报表虚增利润进行过度分配可能构成抽逃出资。虽然违法分配和抽逃出资是两个不同的法律术语，其主观目的、法律性质和法律后果都不一样，但是它们之间具有紧密的联系，恶意违法分配可能导致抽逃出资。为避免此项法律风险，文旅企业必须严格按照当地法律规定，遵循严格的利润分配条件和程序。再次，公司因拒不进行利润分配而陷入法律诉讼。通常，公司是否进行利润分配以及分配多少利润都是公司内部事务，法院等司法机关不会随意进行干预。但是，如果公司股东大会已经依法通过了具体的利润分配方案，那么公司必须按照股东大会方案向股东进行利润分配。如果公司拒不执行该分配方案，那么股东可以向法院提起公司盈余分配法律诉讼，请求法院判处公司支付相应数额的股利，此时法院应当予以受理并支持股东诉讼请求。最后，保护小股东权益的特殊法律规定也不容忽视。公司长期拒不分配利润可能因此承担回购小股东股份的法律责任；小股东可以依据法律法规要求在公司章程中特别约定强制利润分配条款，防止大股东长期不分红而侵占中小股东权益。

第五章

文旅企业应对
"一带一路"地缘因素
影响的财务对策

　　鉴于参与"一带一路"建设的文旅企业各项财务活动都有各自的特点，而且它们受地缘因素影响也不尽相同，本书按照各项财务活动分别提出应对之策。筹资方面，企业应全面及时准确地识别和评估筹资风险，以便提高筹资风险防范能力；投资方面，通过充分利用国家和地方产业政策降低企业融资成本，建立投资调研评估机制，建立健全内部控制和投资风险预警体系，并采用多元化投资模式；营运方面，控制企业内部各项财务活动风险源，通过加强财务风险动态监测提高风险控制的预见性和有效性，提高财务风险战略柔性，提高文旅产品市场竞争力，以及对参与共建的文旅企业加强法律和政策保护；分配方面，提高盈利能力，优化资本结构，规范利润分配程序，树立法治意识，以及寻求政府的政策支持。

第一节 文旅企业应对"一带一路"
地缘因素影响的筹资对策

企业的财务风险有狭义和广义之分，狭义的财务风险是指企业债务到期无法按时还本付息的可能性，即筹资风险。广义的财务风险范畴不局限于筹资风险，而是着眼于企业财务活动的全过程和全部财务活动。本书沿用广义财务风险概念。将由于内外部环境的变化和各种不确定因素的影响，企业的各项财务活动未来收益发生变动，或者企业的实际收益与预期收益发生偏离，或者企业遭受经济损失的可能性等统称为财务风险。一般地，可以把财务风险细分为筹资风险、投资风险、资金回收风险和收益分配风险。

由于财务风险的客观存在给企业财务活动的开展增加了诸多不确定性因素，因此企业必须重点关注和加强财务风险管理。财务风险管理主要包括及时准确地识别企业潜在的财务风险因素，运用适当的技术方法对财务风险进行评估，采取科学有效的手段控制和防范财务风险，等等。

在筹资活动过程中，受地缘因素影响，企业的筹资风险势必会增加，文旅企业应当从文旅行业特征、文旅企业筹资需求及其所在东道国的资金市场和筹资环境四个主要视角采取相应财务对策：一是全面及时准确识别企业筹资风险，二是正确评估企业筹资风险，三是灵活应对企业筹资风险，四是提高企业筹资风险防范能力。

一、全面及时准确地识别企业筹资风险

全面及时准确地识别筹资风险是文旅企业进行筹资活动的必要步骤，也

是首要前提。如果这个环节出现严重失误，就可能会导致筹资失败，也会对其他环节产生影响，甚至可能使企业陷入财务困境。

根据资金来源，企业筹集资金可以分为两类：一类是内源资金，另一类是外源资金。前者是指企业利用自身的留存收益进行投资活动和营运活动，后者是指企业吸收外部其他经济主体的资金，用以支持自身财务活动。一段时间以来，一些企业过度使用财务杠杆，导致其财务风险不断增加。特别是参与"一带一路"建设的部分文旅企业，它们在海外投资兴建的项目大多具有投资回收期较长、投资体量较大、留存利润较少和经营活动利润空间较小的特点。一般文旅企业的内源资金难以支持这些项目的庞大资金需求，资金缺口巨大，企业因此对外源资金产生严重依赖。

大多数文旅企业多为中小型"轻资产"企业，可用于抵押的固定资产较少；这些企业的专利、技术和品牌等无形资产难以估值；一些企业经营模式落后和经营实力不足以吸引投资方和债权人，等等。诸多因素导致它们的外源资金来源受限，即便从银行等传统渠道融资也面临较高的门槛。很显然，作为国民经济战略性支柱产业，文旅业所面临的相对不成熟、不完善的筹资环境与其产业地位是不匹配的，这种不利情形必须加以改变。恰逢其时，"一带一路"倡议为国内文旅业进一步发展提供了契机。此后，国内大量文旅企业纷纷走出国门，参与到"一带一路"建设中来。这些文旅企业不仅用实际行动支持了国家战略，而且能够充分利用国内外合作融资平台克服融资瓶颈。

必须引起足够重视的是，参与"一带一路"建设的文旅企业在充分利用国际资金市场进行融资的同时，必然要承受国际融资环境下隐藏的汇率风险、政治风险、法律风险、市场风险以及信用风险。所以，企业必须自觉提高风险防范和风险应对能力，应当对国际资金市场中各个筹资渠道资金的筹资成本和筹资风险进行系统分析。首先，文旅企业应当基于国际文旅市场发展潜力和发展方向、国家间友好合作程度和政府产权保护政策等因素慎重选择海外项目和投资目的地（东道国）。共建"一带一路"国家的经济发展水平参差不齐，各个东道国地缘因素分布存在显著差异，资金市场的完善程度也千差万别，所以文旅企业应当提高在东道国进行筹资的风险意识，对东道国的筹资环境进行详尽考察和论证，包括评估东道国融资市场的法律环境、税收政策、宏观经济政策和产业结构等，以便最大限度地减少由于我国与东道国之间的信息不对称带来的筹资风险。其次，企业应当对东道国资金市场各种筹资渠道进行系统分析，主要包括各资金来源、筹资成本、风险等级和筹资约束条件等。文旅企业在筹资时应当充分利用以下有利筹资条件：运用包括政策性金融机构、开发性金融机构、公共资金、商业性金融机构、世界银行和亚洲开发银行等在内的筹资渠道；运用包括绿色信贷、绿色债券和绿色保险等在内的筹资手段；运用包括 PPP 融资、BOT 融资等在内的适合的融资模式；运用新型互联网金融产品，等等。详细情况参见表 5-1，该表汇总了"一带一路"建设中企业资金渠道分类、资金来源、资金用途与特点。鉴于各种类型的金融机构、融资模式等具有不同的特点，文旅企业应当做好充足的调查研究工作，精细测算，周密部署，最大化地利用各种有利条件和政策扶持并将其转化为企业现实的竞争力。最后，在对各筹资方式进行系统分析的基础上，结合企业的发展阶段和发展战略制定切实可行的筹资方案。

表 5-1　"一带一路"建设中可供文旅企业选用的筹资渠道

筹资渠道	具体内容
公共资金	公共资金主要包括政府间合作基金、对外援助资金等，公共资金在规划、建设重大项目上具有引领作用，对加强共建国家和地区在民生发展、人文交流等领域的交流合作具有重要作用。该渠道筹资主要特点是安全性较高、筹资成本较低。
政策性金融机构	政策性金融机构为"一带一路"建设提供大量融资支持，是"一带一路"建设的重要支撑。对初始投资高、开发周期长、现金流不确定等类型的企业项目发挥着重要作用。该渠道筹资主要特点是安全性较高、筹资成本较低。
开发性金融机构	开发性金融机构的地位介于政策性金融机构和商业性金融机构之间，能够有效应对政府和市场同时失灵的情况，能够与"一带一路"建设形成有效配合。比如，国家开发银行已发展成为全球最大的开发性金融机构，在信息掌握、规模效应和跨周期管理等方面具有优势。该渠道筹资主要特点是，具备在中长期实现盈利的能力，具有较广阔的发展空间，以及筹资安全性介于政策性金融机构和商业性金融机构之间。

续表

筹资渠道	具体内容
商业性金融机构	这里述及的商业性金融机构包括汇丰、渣打、花旗和黑石集团等国际商业性金融机构，以及中国银行等我国国内商业性金融机构。该渠道筹资主要特点是，以盈利性作为衡量投资项目的主要标准，对项目的投资回报率和投资回收期要求较高，以及筹资安全性低于政策性金融机构和开发性金融机构。
多边开发银行	多边开发银行在推动成员国改善投资环境、进行项目开发与实施、撬动私营部门资金和开展跨境协调等方面具有丰富的经验和独特的优势。多边开发银行与各国开发性金融机构协调合作，通过贷款、股权投资、担保和联合融资及其他融资渠道等长期为"一带一路"项目提供融资支持。多边开发银行注重项目投资环境评估和风险管理，有助于管控项目风险。该渠道筹资主要特点是，具有良好的债信评级，融资渠道畅通且成本较低。
金融创新手段	近年来，各金融机构在绿色金融领域不断取得创新发展，开发金融创新手段为企业提供融资支持。该渠道筹资主要特点是，能够帮助企业降低地缘因素带来的风险，提升企业竞争力，对企业的长远发展很有利。
PPP、BOT等融资模式	PPP融资模式是指政府与社会资本、企业合作机制；BOT融资模式是项目融资的一种，也称"建设—经营—转让"模式，PPP、BOT等融资模式是引导民间资本参与"一带一路"的主要模式。通过撬动民间资本获得较为充足的资金链资金，既能保证大型投资项目的筹资需求，也可以在一定程度上为投资项目的盈利能力提供保障。
新型互联网金融产品	互联网金融具有普惠性、便捷性和传递性等特性，可以助力"一带一路"建设进程。互联网金融可以吸引共建国家甚至全球的中小型企业与民众参与。该渠道筹资主要特点是，提供个性化服务，有助于多元化境外投资和跨境融合，吸收社会资本助推实体经济的发展；资金渠道风险问题较为严重，比如流动性风险、信用风险等，所以文旅企业在运用新型互联网金融产品进行融资时，应当严密防控筹资风险。

二、正确评估企业筹资风险

文旅企业在及时全面准确地识别筹资风险后应当建立筹资风险评价体系，以对企业的筹资风险作出综合评价。企业的筹资风险评价体系主要是对各个筹资渠道的筹资风险发生概率和影响程度进行评估。

首先，企业必须建立健全筹资风险管理系统。此项工作的重中之重是培养或引进风险管理专业人才，他们是筹资风险管理的真正主体和策划者、执行者。企业筹资风险评估工作内容主要包括：对各个筹资渠道的风险类型进行划分，对各个筹资渠道的风险等级进行评价测算，对各个筹资来源的筹资成本进行精算，以及对各个筹资渠道的筹资约束、发展成熟度等信息进行收集整理。综合、充分地利用各种有利条件和资源，建立完善的筹资风险管理系统，可以为企业筹资风险评估、内部控制和决策活动等提供重要支持。

其次，企业应当科学适当选用筹资风险评估技术。风险评估技术分为定性评估技术和定量评估技术。定性评估技术主要包括风险识别、风险排序和调查问卷等。定量评估技术主要包括概率统计定量技术、非概率统计定量技术和设定基准技术。其中，概率统计定量技术包括概率估计、风险价值、风险现金流量测算等内容；非概率统计定量技术包括敏感性分析、情景分析和压力测试等。因为没有一种风险评估技术放之四海而皆准，所以企业必须根据自身所处环境、实际发展战略与经营情况等采用合适的筹资风险评估技术，得出筹资风险发生概率和影响程度等信息。

最后，企业在充分调研、论证和分析测算的基础上撰写筹资风险分析报告。一份完备的筹资风险分析报告不仅需要对正在进行的筹资活动的风险水平和状况作出客观分析，而且需要结合企业的内外部环境、发展战略和发展阶段等情境对未来筹资计划的可行性和可持续性进行分析。通过科学论证并形成筹资风险分析报告，为后续筹资风险评估、筹资成本管理和控制提供强有力的支持和保障。

三、灵活应对企业筹资风险

为提高抵御筹资风险的能力，文旅企业必须制定具有一定筹资弹性的筹资方案。换言之，企业必须提高筹资灵活性和适应性以应对企业筹资风险的可能冲击。具体做法如下：

第一，文旅企业的筹资风险与其在东道国开展跨国经营活动的深入程度相关。文旅企业在东道国开展的筹资业务规模越大，一旦东道国资金市场受到外部强烈冲击，其筹资活动受到的影响越严重，进而其陷入财务困境的可能性也就越大。所以，文旅企业在进入东道国文旅市场初期，为将筹资风险水平控制在一定范围内，应当采取相对稳健的企业发展战略，循序渐进，而不是一步到位。这种稳健战略的另一个好处是，随着业务的持续开展，与东道国及其企业合作过程中信息不对称水平也将逐渐降低，对整个企业在境外开展的一切经营活动都极为有利。

第二，参与"一带一路"建设的文旅企业尽量与当地企业组成战略联盟，形成利益共同体。对于参与"一带一路"建设的文旅企业来说，要想在东道国的文旅市场中立足并占有稳定的市场份额，首要条件是对东道国的文旅市场需求、环境和发展潜力等方面进行深入了解。然而，达成这样的条件不可能一蹴而就，企业与东道国市场之间的磨合期可能相对较长，其间企业所面临的筹资风险及其他风险可能较大。因此，这些文旅企业应当尽可能与当地企业形成战略联盟以降低自身所面临的各种风险的水平。战略联盟是指两个或两个以上的企业或跨国公司为了达到共同的战略目标而采取的相互合作、共担风险和共享利益的联合行动。通过与当地企业形成战略联盟，可以实现双方信息、资金、技术和人才等重要资源共享，进而缩短企业与东道国市场的磨合期。另外，部分商业性金融机构对筹资方项目投资回收期和投资回报率等指标均有较高要求，战略联盟经营模式下企业的经营绩效恰恰能够达到这些要求，因而能够为这些金融机构所接受并得到他们的青睐。

第三，文旅企业针对筹资活动偏差等筹资风险可以采取调整筹资计划的方式来灵活应对。比如，在地缘因素复杂，甚至爆发政治风险诱发筹资协议执行难的问题乃至使其失效的情况下，文旅企业可以及时启动备选方案，更换筹资渠道和方式以筹集到所需资金。在此过程中，文旅企业需要特别注意筹资风险和成本应当处于可控状态，这也就意味着企业在海外资金市场上要具有较强的议价能力。

四、提高企业筹资风险防范能力

提高企业有效防范筹资风险能力更有效的策略是，变风险来临时的被动应对为风险未至前的主动出击，即：在筹资活动开始前采取有力措施规避筹资风险。这就要求企业具备良好的筹资风险预测能力、评估能力和防范能力。为此，文旅企业可以从以下几个方面入手做足"功课"。

第一，盯紧企业发展战略，统筹经营活动和财务活动。企业应当着力提高产品的竞争力，提高"造血能力"，减少对外部筹资活动的依赖。常规的融资方式包括内部融资和外部融资，其中：可供选择的内部融资包括自有资金和内部债券，外部融资包括股票融资、银行贷款和企业债券融资等。由于文旅企业普遍依赖外部融资，所以这无形之中加大了企业潜在的财务风险。如果企业可以保持稳定且较高的经营活动和投资活动收益水平，不仅可以减少对外部资金的依赖，而且可以提高企业在融资市场中的议价能力：首先，当真正需要外部融资时，企业很容易筹集到风险水平适度和筹资成本较低的资金；其次，可以帮助企业与投资者、金融机构等之间建立起稳固和可持续的合作关系，从而帮助企业获得长期稳定的资金供应源。

第二，加强与国内外金融机构深度合作，打造专业海外投资合作团队。这种战略安排不仅有利于产融合作创新，而且有助于形成"一带一路"建设的合作新模式。我国企业开拓海外文旅市场有时候会面临融资障碍，东道国金融机构一般不熟悉、不优先甚至不愿意给中资民营企业提供贷款。有时候，即使外国金融机构同意给中资企业放贷，但是手续繁杂，审核周期也非常长。文旅企业投资项目资金需求大，投放资金的回收期也较长，如果不能及时、足额地筹集到所需资金，项目或者会出现启动难的问题，或者会出现后续筹资难导致项目难以继续推进的问题。还有一些文旅企业在海外开展业务时，找不到适用的汇率避险工具，一旦遇到汇率发生剧烈波动的情况，往往损失惨重。这些融资障碍严重阻滞了中国企业拓展海外市场的步伐。与金融机构深度合作、抱团出海，着力打造海外投资合作团队，构建和形成"产业＋金融"经营模式，将会形成多赢局面。筹资企业可以在规避筹资风险、获取资金支持等方面拥有极大优势；金融机构也可以发挥咨询功能，帮助这些参与"一带一路"建设的文旅企业补齐金融短板，帮助其在战略决策、市场对接、风险控制和财务咨询等方面获得巨大的提升。

第三，融入当地社会并获得当地政府支持。事实上，参与"一带一路"建设的文旅企业与东道国之间存在着严重的信息不对称问题，这些企业应当充分利用当地政府和社会为其提供的法律咨询、法律顾问、商事仲裁、商务对策、商事调解和经贸摩擦应对等服务，变在海外盲目行动为自为、自主和自觉行动，打好防范筹资风险、化解金融纠纷和维护企业经营自主权的攻坚战。

第二节　文旅企业应对"一带一路"
地缘因素影响的投资对策

为降低地缘因素对文旅企业海外投资的负面影响，参与"一带一路"建设的文旅企业可以从多个方面入手，采取必要而适当的对策和措施。一是发挥政府战略引领作用。从全球范围来看，我国对外直接投资占比仍然较低，与我国的国际经济地位不匹配。我国应当一如既往地用好共建"一带一路"机遇，强化对外直接投资战略，给予参与共建企业的投资活动足够的战略引导和保护，帮助其提高抵御系统性投资风险的能力。二是国有企业与民营企业携手共进。在关乎国家战略的对外投资项目中，国有企业是主力军，而民营企业占比较小。因为国有企业产权性质决定了其能够承担更多责任，且具有较强的风险承担能力。为鼓励更多文旅企业参与"一带一路"海外经营与投资，政府和社会应加大支持和保护力度，建立更多国际双边、多边和区域合作协调机制，提振民营企业投资者信心。三是加大政策支持力度，发挥专业支持作用。随着"一带一路"的深入推进和发展，截至2024年8月，已有150多个国家、30多个国际组织加入"一带一路"大家庭，共建"一带一路"国家已由亚欧延伸至非洲、拉美、南太等区域，税收合作、知识产权、法治合作等专业领域对接合作有序推进，为"走出去"的投资企业提供了保障和便利。四是千方百计采取措施改善外部投资环境。一段时期以来，世界经济复苏基础脆弱、投资保护主义升温以及由地缘因素引发的问题或风险都为参与"一带一路"建设的企业设置了障碍。应当通过综合采取加强政策沟通、深化合作机制和扩大开放水平等举措，不断优化外部投资环境，为共建"一带一路"注入新的动力。五是参与"一带一路"建设的文旅企业要立足提高自身核心竞争力，增强抵抗风险的能力。下面则从五个方面探讨参与"一带一路"建设的文旅企业应对地缘因素影响的具体投资对策。

一、充分利用国家和地方产业政策，降低投融资成本

在推进"一带一路"建设过程中，我国与越来越多共建国家签署双边或多边合作协议，为企业投资提供政策扶持。其中，"一带一路"专项基金一般由国家出资（主要包括外储资金、财政资金或政策性银行资金），并由政策性银行管理，投向是与国家战略相关的产业和项目。随着"一带一路"建设的持续推进，各种类型的基金项目为企业投资提供了充足安全的资金支持和保证。此外，一些金融机构和互联网企业也成立了配套基金。对企业来说，充分利用国家和地方政策扶持可以在一定程度上降低财务风险和经营风险。比如，参与"一带一路"建设的中小型文旅企业可抵押资产普遍较少，在融资过程中很可能面临融资约束，进而对企业的投资和经营活动造成严重不良影响。如果这些企业充分使用"一带一路"共建资金，则能够在一定程度上降低融资成本和投资成本，抓住发展机遇。

二、建立投资调研评估机制

在对外投资过程中，企业要增强财务风险防范意识，建立健全科学、全面和有效的风险评估体系和预警机制，及时对自身投资发展状况进行监测，掌握投资动态，并根据投资环境变化及时对投资方案进行补充、调整和完善。具体地说，参与"一带一路"建设的文旅企业应当在作出投资决策之前制定多套投资方案，再按照科学决策原则从中选择最优方案。同时，在投资活动开始之前必须做好投资目的地（国家或地区）的市场和纳税情况调研，主要包括：（1）投资目的地经济运行情况是否平稳，是否存在恶性通胀；（2）未来市场需求是否有较大波动，政府是否有插手监管收益的可能性；（3）市场

发展空间和发展前景；（4）投资项目的竞争力和竞争对手的市场份额；（5）不同国家和地区的税收政策是否存在显著差异，投资目的地的税收政策、税法规定以及可能的税收优惠，等等。在投资活动和投资项目付诸实施的过程中，投出企业应当适时地对投资项目进行追踪观察，采取措施将投资风险控制在合理水平范围以内，与此同时，力争不断扩大市场份额，实现利润最大化。在投资活动结束以后，投出企业还应当对投资活动进行事后的反馈、评价、分析和总结，提炼并不断积累投资经验。通过建立完善的投资调研评估机制可以大大减少企业投资决策的盲目性，降低信息不对称风险，努力实现在确保投资收益的前提下提高企业投资项目的安全性。

三、建立健全内部控制体系

内部控制是企业风险管理的一部分，更是投资风险管理的利器。现代企业一般都会建立完整的内部控制体系，并将各项控制活动嵌入企业各项业务流程，融入企业的各项规章制度之中。

从建立健全内部控制体系和提高内部控制效能出发，应对地缘因素影响，企业所作的投资决策与对策应当重点关注投资目标与策略、健全投资决策流程、加强投资风险管理、完善投资管理制度、提升投资人员能力以及灵活调整投资策略等方面。在这些方面采取强有力的措施并付诸实施将有助于企业在复杂多变的地缘政治环境中实现投资和其他资产的保值和稳步增值。

四、建立健全投资风险预警体系

为了最大限度地规避投资风险，企业需要专门构建完善的投资风险预警体系。设计良好的投资风险预警体系能够对企业的财务数据与非财务数据进行全面分析与评价，便于企业掌握投资活动、经营活动和财务运行情况，一旦发现问题，要能够及时上报，并在最短的时间内加以解决。因为地缘因素，特别是地缘政治引发的风险很典型、很特殊，具有突发性，并容易产生连锁反应，对企业投资项目的影响巨大，破坏力惊人且短时间不可逆，所以参与"一带一路"建设的文旅企业在投资项目启动时应当建立与预期风险抵抗能力相当的投资风险预警体系，力求在投资风险爆发前就能及时发现并启动应急预案和采取应对措施，将投资损失降到最低。要做到对地缘因素引发的风险提前预警，文旅企业必须做到三点：一是需要树立警觉、灵敏的财务风险意识；二是需要广泛开展实地调查研究，对东道国或地区的地缘因素深入了解，避免风险爆发时投资项目失控乃至失败；三是建立风险隔离墙，防止投资风险外溢，影响整个企业集团的正常运转。

五、研究文旅业现状，采取多元化投资模式

通过研究近年来参与"一带一路"建设的文旅企业对外投资资金流向可以发现：受新冠疫情影响，中国对外文旅投资目前处于恢复阶段，投资活力有待进一步激活；中国对外文旅投资主要集中在康养旅游、文化旅游和适老化智慧旅游等领域，投资领域集中、狭窄。

为改变这种现状，参与"一带一路"建设的文旅企业应当拓展投资空间，以长远发展眼光和多元化理念进行投资。采取多元化的投资模式不仅可以分散投资风险，而且可以依托东道国或地区的风土人情或文化积淀开发出更具市场竞争力的文旅产品，促进整个企业持续高质量发展。下一步，可供文旅企业采取的投资举措主要包括：（1）通过构建跨境旅游合作区、开发与共享"一带一路"主题资源等方式，规避地缘因素带来的风险，推动文旅业的国际投资合作。（2）积极探索多元化的投融资渠道，扩大资金来源，以助力和推动文旅项目的落地和实施。

第三节　文旅企业应对"一带一路"
地缘因素影响的营运对策

　　参与"一带一路"建设的文旅企业不仅要面对国内复杂多变的社会经济环境，而且要抵抗境外复杂地缘因素的干扰，企业无法顺利、快速地获得经营活动和财务活动所需要的全部信息。有时候，即使企业拥有了这些信息，后续甄别和运用也颇为不易。这些实际情况往往导致企业的营运活动面临着高度不确定性，难以准确预计经营成果，企业可能因此遭受严重损失，甚至破产倒闭。本节拟分析文旅企业应对"一带一路"地缘因素影响的营运对策。

　　财务风险源释放的风险流往往会附着于一定的风险载体，沿着特定的路径或方向在企业内部各项财务活动中传导，从而对企业各项财务活动和财务关系处理产生不良影响，大致情况见图 5-1。具体地说，财务风险可能在各项财务活动内部传导，也可能在四大财务活动之间传导。

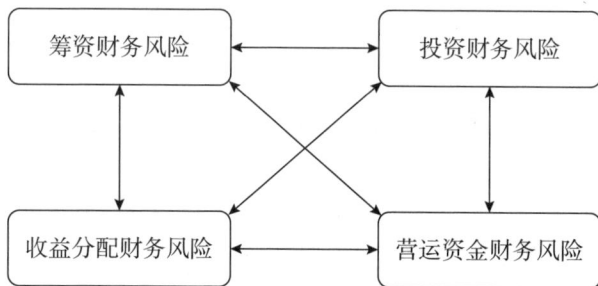

图 5-1　财务风险沿资金供应链传导图

　　企业总是要与外界发生各种各样的财务关系，财务风险也会从企业外部传导进入企业内部，从而对企业内部各项财务活动产生影响。企业之间基于经济利益关系会形成一条或多条直接或间接、紧密或松散的供应链条，这种供应链会对各个节点企业的生产经营活动和财务活动产生影响。通常，供应链财务风险往往首先会向与企业联系最紧密、抗风险能力最差和风险承受能力最弱的企业传染和扩散。当企业的长期合作伙伴出现财务危机并影响到其生产经营活动正常开展时，供应链可能就在该节点企业断裂，该节点企业的财务风险就会以极快的速度在整个供应链传导，波及所有相关企业，甚至触发供应链财务风险传导的多米诺骨牌效应。因此，企业应当提前详细分析地缘因素诱发的财务风险及其传导路径（特别要重点关注节点企业和关键传导路径）和可能引发的不良后果，及时采取相应的风险防范措施和对策，缩小风险影响范围和降低风险损失。本节提供如下五项具体营运对策，供参与"一带一路"建设的文旅企业应对地缘因素影响时作参考。

一、控制企业内部各项财务活动中的财务风险源

营运活动中的财务风险与筹资、投资和收益分配活动中的财务风险密切相关。所以，通过控制筹资、投资和收益分配活动中的财务风险源可以在一定程度上降低营运活动的财务风险。限于篇幅，本节仅分析营运活动中的财务风险源控制，不再对筹资、投资和收益分配活动中的财务风险源控制问题进行赘述。

（一）加强应收账款管理

在地缘因素发生突变时，企业的外部营商环境通常会恶化，应收账款发生坏账损失的概率和比例将比其他时期更高，而地缘因素突变（比如地缘政治冲突）具有较大程度的不确定性和不可预测性，从而使应收账款催收难度大大增加，这就对企业应收账款的管理提出更高的要求。企业必须在营运活动中全程加强应收账款管理，千方百计采取措施降低地缘因素对企业应收账款回收的不良影响。比如，参与"一带一路"建设的文旅企业可以通过深入

调查境外客户的经营风险和资信情况，建立严格的赊销审批制度，采用合适的信用政策，在扩大企业销量的同时确保信用政策适当，将预期坏账比例控制在企业可以承受的范围。再如，企业可以针对不同信用等级的客户采取不同的赊销政策，同时制定应收账款的回收与销售人员的经济利益相挂钩的责任制，将应收账款的回收任务和责任落实到对口部门和每个责任人，避免企业销售部门和销售人员为完成销售任务而盲目大量赊销产品，致使赊销额度和应收账款催收双双失控。

（二）加强存货管理

文旅企业存货大致包括原材料、燃料、低值易耗品、物料用品和商品等品类。通常，在海外市场进行多元化经营且投资规模较大的文旅企业存货占比较大。低效率的存货流转和低效率的存货管理会使存货占用企业大量营运资金，导致机会成本大大增加。因此，企业必须对此高度重视，强化存货管理，提高运营效率。常用的存货管理措施包括：第一，计提足额的存货跌价准备。由于市场竞争日趋激烈，供求关系不断变化，企业的存货风险也随之增加。基于谨慎性原则，企业应计提足额存货跌价准备。通过计算企业存货可变现净值和账面价值之间的差额来计提存货跌价准备，并将其计入资产减值损失，以防止存货风险爆发，影响企业的正常运营，进而影响企业的盈利能力和整体经营状况。第二，定期进行账存管理。为了保证企业生产经营活动正常进行，企业财务管理部门和相关人员还要定期检查存货的账面价值，以便及时了解由于存货跌价所造成的损失及其净值。第三，优化存货管理模式。企业还可以运用 ERP、数字化管理模块等先进的管理模式和手段加强存货的日常管理，助力企业实现对人、财、物和供、产、销等方面的高效管理和配置。

（三）优化组织结构

在不断变化的市场中，企业的组织结构应当保持相对稳定性。从组织结构角度看，我国文旅企业承袭了传统的以劳动分工为基础的组织结构，组织形式多为金字塔式及其变化形式，按照职能分工的原则形成了以内部作业为基础的部门化模式，而忽视了文旅活动之间的关联性和业绩评价的整体性，在一定程度上造成文旅企业之间以及企业内部部门之间条块分割和信息阻滞。这种组织结构形式不仅增加了管理协调的难度，而且容易导致文旅产品消费者评价困难。这种传统的组织结构不仅是造成以往企业运营效率低下的重要原因，也是企业财务风险产生和累积的重要原因。因此，文旅企业应当根据自身经营特点和内部管理需求迅速采取有效措施来优化组织结构，协调职能部门分工。这里将不再赘述文旅企业优化组织结构的具体举措，而是指出目标和方向：（1）通过明确的职责划分和高效的信息流通渠道，文旅企业能够更敏锐地捕捉到财务管理中的潜在风险点，从而及时采取措施进行防范和控制。预期具体目标是，优化后的组织结构能够提升风险识别的准确性和及时性。（2）调整组织结构有助于合理分配资源，包括人力、物力和财力，以应对可能出现的财务风险。预期具体目标是，在资源配置更加合理的情况下，企业能够更好地应对地缘因素及其他因素引发的财务风险，减少因资源不足或配置不当而导致的财务损失。（3）通过优化组织结构提高组织效能，确保组织能够迅速制定出有针对性的风险应对策略，并确保其得以有效执行。预期具体目标是，增强风险应对的策略制定和执行能力，从而降低财务风险对企业运营的影响。（4）通过建立健全内部控制制度，规范财务流程，明确各部门和岗位的职责权限，促进企业内部各部门之间的沟通与协作。预期具体目标是，使内部控制和审计得到加强，能够及时发现和纠正财务管理中的漏洞和问题，进一步降低财务风险。

文旅企业还应当在业财一体化上大做文章。在优化组织结构的基础上，结合行业特征加强财务部门与各经营单位的无缝对接，非财务职能部门应当特别注意协助财务部门加强现金流管理。企业各部门相互协调形成高效、严密的协作氛围，确保企业在面临地缘因素及其他因素引发的风险时具备良好的风险应对能力，必要时迅速决策以及时止损，使风险损失降到最低。

二、加强财务风险动态监测，提高风险控制的预见性和有效性

企业的财务风险控制战略不仅体现在应对风险发生阶段，还应当具有前瞻性和预见性。在风险发生之前，企业就应该能够进行有效地识别、评估和预防。将问题消灭在萌芽阶段，既能节约财务成本，又能确保企业的正常运行。基于这个思路，各个文旅企业应当建立健全财务风险动态监测系统，以提高企业财务部门获取和分析信息的能力，提高企业财务风险控制的预见性和精确度，有效地检测财务风险的酝酿、发生和传导。

企业构建的财务风险动态监测系统应当具备全面性、动态性和有效性。全面性是指企业应当围绕总体战略目标，对其开展的各项财务活动在其开展前、开展过程中和验收阶段进行全面监控，包括建立完备的风险管理信息系统和内部控制系统。动态性是指该财务风险检测系统应当具有即时反应能力，全天候随外界环境条件的变化而不断调整。有效性是指企业风险监测和管控的准确度和可靠性，即在风险发生前捕捉到与风险相关的信息，能够在后续深入研究的基础上被用于风险分散和风险控制等风险管理活动中。

特别地，地缘因素引发的财务风险加大了文旅企业财务风险动态监测和管控的难度，甚至能对正常的投资和经营活动造成毁灭性打击。这就要求文旅企业在开展各项财务活动前不仅要做好常态下财务风险管控工作，还要对当地的地缘因素进行系统、审慎的分析并做好各种应急预案。为此，必须做好如下三项基础性工作：一是融入当地社会。文旅企业应积极参与当地的人力资源市场以获得人力资源供给，聘用当地相关人才不仅可以节约成本，还可以增进与当地各种利益相关主体之间的信息交流，营造良好的外部经营环境。二是重视驻外分支机构风险管理文化建设。企业在东道国（地区）的职工结构和人员变动也需要符合当地人力资源市场发展现状和趋势，形成因地制宜的风险管理文化，并将其融入企业财务活动的每个环节。三是避免盲目过度扩张。企业战略管理层不应片面追求业绩以及忽视风险管理，因为这些

都不利于健康的企业风险管理文化形成和保持。

三、提高财务风险管理战略柔性

根据企业风险阈值导向，企业必须提高财务风险管理战略柔性。虽然企业外部环境中始终存在着各种风险因子，但是并不是所有这些因子都会一起对企业形成威胁。只有在外界环境和企业内部系统不断变化和产生交互作用，并且这些风险因子的聚集量超过企业的财务风险承受限度（即财务风险阈值）时，财务风险因子才开始释放并对企业产生负面影响。按照这个财务风险形成机制，财务风险管理工作方向之一是降低财务风险因子影响；方向之二是提高企业的财务风险阈值。因为提高企业的财务风险阈值可以延缓或控制财务风险因子发生集聚和释放，而提高财务风险管理战略柔性就是提高财务风险阈值的方法之一。企业财务风险管理战略柔性是指企业快速而经济地处理财务活动中由外部环境和内部系统变化及其交互作用引起的不确定性的能力，由低级到高级，这种能力可被划分为财务缓冲能力、财务适应能力和财务创新能力三个方面。

财务缓冲能力是企业被动接受风险爆发并在此过程中抵御风险的一种能力。因为财务系统储备了承受冲击的各种资源，如人力资源、实物资产和资金，等等，所以企业财务系统天然具有缓冲能力。为应对东道国（地区）由于地缘因素突变引起的汇率变动风险，有的企业建立外汇偿债基金；为应对一般意外发生，有的企业在内部设立专门的消费者意外保障基金，这些都是企业常用而行之有效的提高财务缓冲能力的具体做法。

财务适应能力是指当财务风险开始对企业产生影响和冲击时，企业能在不改变其基本面（比如既定的战略安排、经营布局等）的前提下，作出局部适度调整，将财务风险限制在可以承受的范围以内，这是一种以微调方式应对突然变化（变故）的能力，也是一般企业财务风险管理工作中常用的有效手段。企业提高财务适应能力的工作中心应放在设计财务策略组合和财务策略调整两个方面。比如，企业在某个国家（或地区）提供文旅服务时，与地缘因素风险不期而遇，企业能够及时减少或暂停在事发地点的营运活动，并且能够将旅游产品投放到其他适宜地区；或者，只需对企业产品和服务结构作出相应调整，仍然能够在事发地区继续开展营运活动。切实做到企业营运与外界变化相适应，财务策略实施保持动态平衡。企业保持超强的财务适应能力能够有效地降低财务风险的破坏程度，将财务损失降到最低。

财务创新能力是指企业采用新技术、新举措和新模式，通过适应甚至影响外部环境和改变内部系统，以达到控制财务风险传导和抵御不利影响的能力。其中，缓冲能力和适应能力都是企业被动应对风险爆发的能力，而对于走高质量发展之路的企业而言，必须具备创新能力以增强风险管理的主动性、能动性和创造性，这也是企业风险管理要义之所在。当企业具备超强创新能力时，不仅可以阻断地缘因素诱发风险的传导路径，而且可以削减风险对企业可能产生的负面影响。比如，当突发地缘因素导致市场不景气时，企业可以通过产品创新开拓新的目标市场，或者把资源配置到新的业绩增长点方面。

四、提高文旅产品市场竞争力

特色是文旅企业经营的灵魂，其能够保持和提升文旅产品和服务的核心竞争力。当文旅企业的产品和服务在海外目标文旅市场上具有相对较强的竞争力时，可以考虑进军国际市场。一般认为，文旅产品的竞争力主要体现在两个方面：一是较高的市场地位，具有独特性、创新性和高质量等特征；二是强劲的销售，比市场上其他企业同类产品具有更高的市场占有率。杨秀平等（2005）遵循科学性、合理性、实用性和可操作性原则，按照 "初始设计—综合简化—建立体系" 的程序，构建了如图 5-2 所示的旅游产品竞争力多层综合评价指标体系。[①]

---

① 杨秀平,翁钢民,赵本谦.旅游产品竞争力分析及预警研究[J].经济与管理,2005(06):76-78.

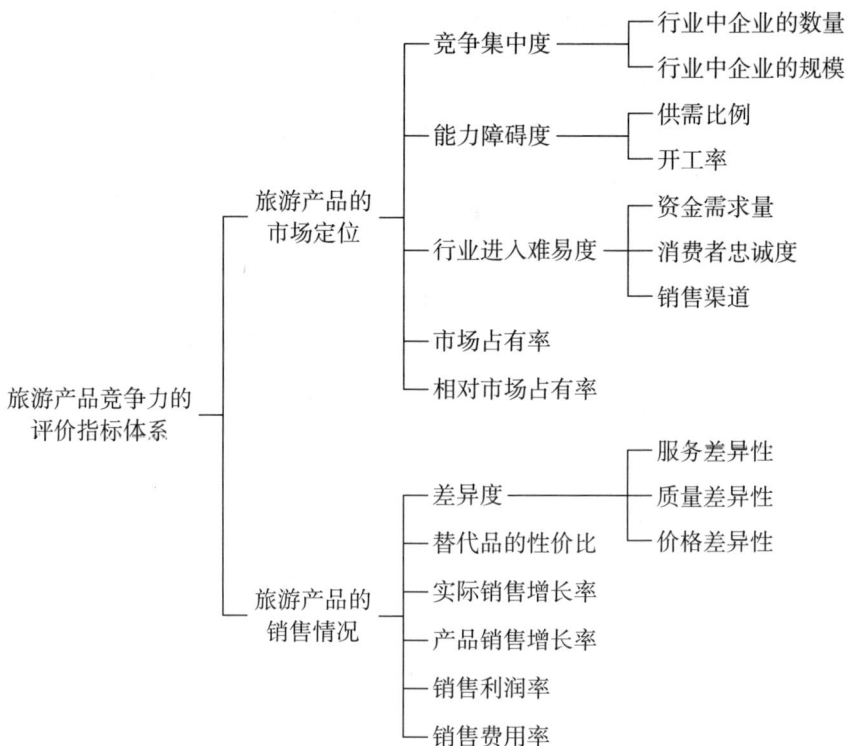

图 5-2　旅游产品竞争力多层综合评价指标体系

文旅企业可以根据以上旅游产品竞争力评价指标体系对自己生产的文旅产品进行竞争力评价，在此基础上通过增加研发投入等方式提高文旅产品竞争力。参与"一带一路"建设的文旅企业投放在东道国（或地区）的文旅产品要注重结合当地的风俗传统、契合当地的文化精神和符合当地法律、法规之要求，在此基础上开发出适合当地市场需求的且具有竞争力的文旅产品，进而提高其在当地市场上的占有率和大幅增加企业的销售额。

五、对参与共建的民营文旅企业加强法律和政策保护

"一带一路"倡议提出至今，我国大量国有企业和民营企业参与共建。国有企业因为具有较强的风险承受能力，自然而然成为"排头兵"；民营企业

由于风险承担能力相对较弱，它们往往采用"跟随"策略，与国有企业"相伴而行"。鉴于一部分东道国相关政策和法律保护体系、金融支持体系尚不健全，导致民营企业海外营运风险居高不下，这在一定程度上削弱了民营企业"走出去"的动机。为了有效地改变这种现状，需要从两个方面着手开展工作。

一方面，国家应当加强对民营企业政策方面的保护和支持，增强民营企业的风险承担能力。我国各级政府应当与共建国家政府一道，不断完善和补充合作框架内容，健全企业风险保障机制，积极帮助企业应对营运风险，进一步完善相关的风险评估和保障体系，鼓励相关保险机构加大对"走出去"企业提供风险保障的力度。此外，我国各级政府相关部门可以通过加强与被投资国政府间的文旅交流，以及通过拓展外交和公共关系等渠道推动更多企业参与"一带一路"建设。

另一方面，民营企业也要努力发挥主观能动性以管控营运风险，除确立并坚持投资主体多元化目标，尽可能分散一部分风险以外，文旅企业还必须寻求法律保护。一般情况下，文旅企业可以通过增加研发投入以提高其在东道国（地区）投放文旅产品的竞争力，以阻断部分由产品竞争力不足引起的风险传导路径，达到抵御风险的目的。但是，在地缘因素复杂且敏感性高的地区，地缘因素引发的风险（特别是地缘政治风险）可能导致当地市场秩序混乱，进而导致企业开发的文旅产品品牌或其他无形资产受到非法侵犯。这不仅会损害投资者信心，不利于企业的长足发展，而且可能对"一带一路"建设造成一定的负面影响或者破坏。对文旅企业给予法律方面的保护主要可以从两个方面入手：一是政府应当加强国际法律交流合作，不断优化涉外法治人才培养模式，推出涉外法律服务品牌，提升法治在"一带一路"中的保障能力；二是通过完善海外综合服务体系，推动高质量共建"一带一路"走深走实，为企业提供系统即时的法律支持和保护。

第四节　文旅企业应对"一带一路"
地缘因素影响的分配对策

我国参与"一带一路"建设的文旅企业利润分配活动存在很多不规范现象，比如现金股利支付水平偏低、股息率偏低和股利政策缺乏连续性，等等。从短期来看，不合理的、短视的利润分配方案有可能对企业筹资、投资和营运等活动的顺利进行造成障碍；从长期来看，这样的利润政策将会损害投资者的长期利益，甚至对我国文旅行业乃至证券市场的有序、健康运行造成损害。特别地，在地缘因素引发外部风险的情况下，这些企业的利润分配活动将更加混乱，进而给这些企业增加很多潜在的威胁。因此，必须适时采取有力措施规范"一带一路"共建文旅企业的利润分配行为。影响文旅企业利润分配的因素有很多，大致可以分成两类，即：公司层面的内在因素和政府监管层面的外部因素。本节拟从这两个方面提出相应对策建议。

一、公司层面

（一）提高盈利能力

相关研究表明，文旅企业的盈利能力与股利支付意愿、现金股利支付水平、股票股利支付水平都有显著的正相关关系。[1]当企业盈利能力较强时，企业往往具备较强的风险承担能力，即使在地缘因素及其他外部环境因素恶

---

[1]　张天璐.旅游上市公司股利分配政策影响因素的实证研究[D].广西大学,2017.

化的条件下仍然可以保持平稳的股利支付水平，因为企业可以通过动用以前年份的利润留存或者举借新的债务等方式及时为投资和营运活动提供资金来源。此外，文旅企业具有较强的盈利能力还能够帮助其保护各类利益相关者的经济利益，维持公司股价平稳，向市场传递企业发展前景良好的正面形象，进而对企业外部的潜在投资者产生强大的吸引力。

为提高盈利能力，参与"一带一路"建设的文旅企业可以从以下几个方面着手开展工作：第一，通过深入调查研究，掌握市场和消费者需求等方面的第一手资料，紧盯消费者需求变动趋势，适时调整企业产品结构，努力实现产品结构多元化、层次性和风险共担的目标；实施差异化竞争战略，提高企业产品创新能力，不断开发适应消费者需求的新产品，避免陷入与当地企业的恶性竞争。第二，文旅业是服务于消费者文旅体验的现代服务业，消费者价值的实现过程与文旅企业价值实现过程具有高度同步性。为提高盈利能力，文旅企业可以针对其目标消费者群体建立起自己的客户关系管理系统，对现实消费者和潜在消费者进行识别分析，进行分类、分级管理，做到消费者管理精细化，为各类消费者提供个性化服务，在为消费者提供高质量文旅体验的过程中同步提高自身的盈利能力。第三，在地缘政治因素引发外部风险导致行业竞争加剧和市场低迷的情况下，企业必须控制不断增长的可变成本，消化可能产生的沉没成本和优化成本管理流程，并从企业战略的高度加强成本管理，努力将成本开支控制在一定范围内，维持和提高企业的盈利能力。第四，稳步提高人力资源质量。企业必须制定有效的人力资源培养计划，通过经济和非经济薪酬策略吸纳和培养高素质人才，通过稳步提高人力资源质量提升企业的创新能力，形成核心竞争力，努力营造或大幅提升在东道国（地区）市场上的优势地位，为企业发展提供持续动力。

（二）优化资本结构

研究表明，上市文旅公司的产权比率与当年的现金股利支付水平、股利支付意愿都有显著的负相关关系，即：上市文旅公司的产权比率越低，越倾向于派发高额现金股利。而文旅企业的财务特征普遍表现为产权比率较高，资产负债率较高，这种情况下企业本身每年的还本付息压力很大，根本没有能力向投资者分配现金股利。企业产权比率过高导致的分派现金股利水平较低的现象向企业外部利益相关者传递企业经营不善的信号，容易使企业投资者信心受挫。因此，企业应当通过优化资本结构、降低企业的产权比率来增加企业向股东派发股利的灵活性，在吸收投资者投资后通过分配活动给予投资者相应的回报，这样做将有助于企业实现价值最大化目标。

（三）提高信息透明度，积极承担社会责任

与企业相关的利益主体之间，比如大股东与小股东之间、企业管理层与企业职工之间、企业管理层与企业股东之间、企业股东与债权人之间以及企业与外部潜在投资者之间，等等，普遍存在信息不对称问题。通常，信息不对称会导致冲突，或导致代理成本增加。企业在进行分配活动时应当全面考虑各利益相关者的诉求，这是缓解信息不对称问题进而减少由此引发的利益冲突的重要且有效的途径之一。

在地缘因素复杂多变并可能引发各种突发风险（比如地缘政治风险）的情况下，企业各利益相关者的利益分配诉求可能不断变化。同时，在这样一个特殊时期，企业盈利水平难以提升，企业的利润分配能力和灵活度显著下降。面对此类种种不利因素，企业利润分配决策必将顾此失彼，无法像经营环境稳定时期那样合理、规范地进行利润分配。信号传递理论为应对这种情况提供了一种替代办法。信号传递理论认为，当企业的相关财务信息可以高效地在各利益相关者之间进行传递（即提高信息透明度）时，企业无须通过利润分配活动向外界传递企业经营状况良好的信号，即：企业无须向股东发放现金股利以及维持稳定的股利政策，利益相关者只要接收到企业营运状况的真实信息，就可以作出明智的决策。提高信息透明度替代发放股利的方法既可以使企业将更多的利润留存在企业内部用于未来营运和投资活动，也能帮助企业节约向外部相关者传递信号的成本。为此，文旅企业应当借助先进的信息技术平台搭建完善的信息交互系统，并将各利益相关者目标纳入企业整体战略规划之中，增强企业与利益相关者之间的向心力和凝聚力，以大幅提高信息在各利益相关者之间的传递效果。

此外，文旅企业还应当积极承担社会责任，开展社会公益活动，树立良好的企业形象，形成企业品牌效应；自觉接受和加强社会监督，在社会公众监管下使企业信息透明度不断增加，这不仅有助于优化利润分配政策，而且能够增强企业对潜在投资人的吸引力。

（四）扩大企业规模，提高抗风险能力

相关研究表明，上市文旅公司股利支付意愿与当年的公司规模呈正相关关系。我国文旅类上市公司的股利支付意愿普遍偏低，主要原因是这类公司规模偏小和资产负债率较高，抗风险能力较差。鉴于此，为提高文旅企业的股利支付意愿，避免文旅企业在恶劣的地缘因素影响下因长期不支付股利或较少支付股利而可能面临法律风险，这些企业应当在地缘因素引发各种风险以前，不断扩大在东道国（地区）的市场份额以及企业规模。同时，这些企业还应当通过执行多元化经营战略实现业务范围多元化，提高其应对各种风险的能力。

参与"一带一路"建设的文旅企业在境外扩大规模不外乎两种模式：外延模式和内涵模式。所谓外延模式就是，通过并购当地相关企业，实现规模的快速扩张。这种模式突出的优点是节约企业扩张的时间。所谓内涵模式就是，企业通过研发创新提高自身产品的核心竞争力以实现规模自然扩张。这是一种高质量增长模式，但是企业规模扩张往往耗时很长。必须注意，无论采用哪种模式扩张规模，都切忌盲目性，要把规模扩张与企业的长期发展战略紧密结合起来。否则，一味地盲目扩大企业规模不仅可能无法提高企业抵御风险的能力，而且可能使企业更快地陷入财务危机。

（五）规范利润分配程序，树立法治意识

现实经济活动中，企业管理层法律意识淡漠比比皆是。违法、违规进行利润分配的后果通常十分严重：一方面，这些企业可能陷入法律诉讼危机，致使形象严重受损；另一方面，企业的利润分配方案将因此面临调整，导致利润分配政策缺乏连续性，给投资者评估公司现状和对公司进行前景预测带来困难。

因此，文旅企业应当树立法治意识，正视自身经营状况，在谙熟东道国相关法律法规的基础上，努力遵循公司章程和这些法律法规，制定出科学、规范和适当的利润分配政策。

二、政府监管层面

（一）引导投资者进行价值投资

参与"一带一路"建设的文旅企业要承受较高水平的由地缘因素带来的风险，如果这些企业的资产负债率也保持在高水平，那么在这二者的共同作用下，这些企业陷入财务危机的概率将大大增加。在地缘因素无法消除的情况下，为了降低风险，企业应当尽量稀释负债以降低资产负债水平，因此必须适度引入股权投资。从政策层面来看，政府不仅要积极支持企业进行股权融资，而且应当积极引导投资者进行价值投资，避免其进行盲目投资。否则，一旦发生风险损失，投资者的合法权益将无法得到保护。

政府监管机构不仅应当鼓励媒体宣传和引导投资者树立理性投资、价值投资的理念，而且应当引导投资者关注上市公司的净利润、营业收入增长情况等重要信息，使其重视目标公司经营业绩和长期发展潜力。引导投资者解读和读懂目标公司的股利政策，使其能够从文旅公司的利润分配中获取更多投资收益，而不仅仅是通过低买高卖的方式赚取资本利得。如果政府监管到位，不仅投资者会获益，资本市场也将会更有效。

（二）健全企业的信息披露机制

各个东道国信息披露机制可能不尽相同，一些东道国的信息披露机制可能还不完善，参与"一带一路"建设的文旅企业极有可能因此不对利益相关者充分披露企业营运信息。当地缘因素引发风险（特别是地缘政治风险）对企业造成严重冲击，从而导致企业经营不善时，企业和利益相关者之间的信息不对称问题可能加剧。这样的极端情形既不利于保护投资者利益，也会妨碍企业与投资者之间进行正常的信息沟通，进而可能对企业的长期发展造成严重的不良影响。

鉴于此，政府监管机构应当督促文旅企业建立健全利润分配活动信息披露制度，比如：对于盈利且账面盈余充盈却不分配股利的文旅企业，强制要求其在年报中披露不进行股利分配的具体原因和未来资金使用计划；对于采取送红股或资本公积转增方式分配股利的企业，强制要求其在年报中披露公司现金流量的细节，等等。

（三）完善国家或政府间合作框架，为企业保驾护航

在共建"一带一路"过程中，中国与共建国家经济合作日益增多和紧密。然而，这些国际合作往往暗藏各种玄机甚至危机，要面临国家和地区之间因文化、政治和法律环境等不同带来的障碍，甚至要面临和克服长期存在的地缘政治风险。所以，文旅企业和东道国政府都应当千方百计研究和规避这些障碍和风险带来的不利影响，将因此可能带来的损失降到最低限度。我国政府应当继续寻求着力通过外交等手段完善与共建国家间的合作框架和合作机制，为文旅企业以及其他各行各业的企业保驾护航。